知乎

有问题 就会有答案

你的脑洞略大于整个宇宙

如何**科学回答**那些荒诞又重要的问题

知乎 编著

台海出版社

图书在版编目（CIP）数据

你的脑洞略大于整个宇宙：如何科学回答那些荒诞
又重要的问题 / 知乎编著. —— 北京：台海出版社，
2023.9

ISBN 978-7-5168-3630-9

Ⅰ . ①你… Ⅱ . ①知… Ⅲ . ①科学知识—青少年读物
Ⅳ . ① Z228.2

中国国家版本馆CIP数据核字 (2023) 第 152969 号

你的脑洞略大于整个宇宙：
如何科学回答那些荒诞又重要的问题

编　　著：知　乎

出 版 人：蔡　旭　　　　　　　责任编辑：吕莺　李媚
策划编辑：舒　昕

出版发行：台海出版社
地　　址：北京市东城区景山东街 20 号　邮政编码：100009
电　　话：010-64041652（发行、邮购）
传　　真：010-84045799（总编室）
网　　址：www.taimeng.org.cn/thcbs/default.htm
E－mail：thcbs@126.com

经　　销：全国各地新华书店
印　　刷：三河市兴博印务有限公司
本书如有破损、缺页、装订错误，请与本社联系调换

开　　本：710 毫米 × 1000 毫米　1/16
字　　数：155 千字　　　　　　　印　　张：14.5
版　　次：2023 年 9 月第 1 版　　印　　次：2023 年 9 月第 1 次印刷
书　　号：ISBN 978-7-5168-3630-9

定　　价：68.00 元

编 委

苍原雪 ｜ 科普领域答主

高源 ｜ 国家自然博物馆

好大的风 ｜ 科研领域答主

韩东燃 ｜ 医学领域答主

贾明子 ｜ 科普领域答主

李东升 ｜ 中国科学院古脊椎动物
与古人类研究所

李雷 ｜ 生物学领域答主

牛正蓝 ｜ 地理学领域答主

任意 ｜ 科普领域答主

苏澄宇 ｜ 动物学领域答主

神们自己 ｜ 物理领域答主

雨尘 ｜ 园林领域答主

一个 kebab ｜ 汽车领域答主

太空精酿 ｜ 航天领域答主

太空僧 ｜ 航天领域答主

优米妈 ｜ 儿童教育领域答主

颜游识兽 ｜ 科普博主

谭子斌 ｜ 生物材料领域答主

中国科普博览 ｜ 科普领域答主

张浩 ｜ 物理学领域答主

曾加 ｜ 数学领域答主

早教老师皮特 ｜ 幼儿教育领域答主

中科院物理所 ｜ 物理学领域答主

赵泠 ｜ 科普领域答主

瞻云 ｜ 动物学领域答主

张英峰 ｜ 科普领域答主

（按姓名首字母排序）

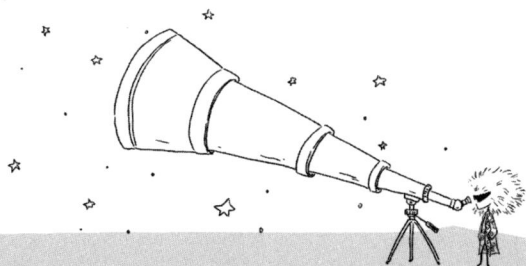

目 录

001 一个人要长到多高，才能让全世界的人，都可以看到他？

007 人类有没有可能，像萤火虫一样发光？

011 假如光速仅有 10 米 / 秒，人会怎样？

021 如何快捷简便地判断，一壶常温的清水是否煮过？

027 如果把火星和地球在太阳系的位置交换一下，会发生什么？

032 可以在宇宙空间站里涮火锅吗？

035 假如有足够材料，在不考虑地基承受能力的情况下，从地面盖楼能到达月球轨道吗？

040 如果只剩下太阳这一颗恒星，宇宙会变成什么样？

047 有没有可能给月球表面都打上蜡？

054 假如回到中世纪，你怎么告诉人们地球不是宇宙的中心？

06/　有什么方法能算出地球的年龄？

070　喝一杯1万米水深处的海水，人会怎么样？

077　如果地球上的氧气，突然增加一倍，会发生怎样的变化？

085　如果地球上的海水变成淡水，地球会怎样？

092　如果地球板块运动消失，会怎样？

099　如果地球是立方体的，且稳定存在，我们的生活会发生
　　怎样的变化？

/06　如果世界上没有氧气五秒钟，会发生什么？

//0　吃一小勺黑洞，会如何？

//8　吃一大勺嫦娥五号带回来的月壤，会如何？

/2/　如果吃一小勺太阳，会如何？

目录

123 一壶 100 摄氏度的开水，从多高地方倒进嘴里，不会觉得烫？

129 很多武侠小说中，武林高手可以以轻功踏湖面而行，在现实生活中，人真的可以实现"水上漂"吗？

132 人如果需要充电，一天大概会消耗多少度电？

135 如果一直往手背上滴水，手会被滴穿吗？

139 人用力握拳，会捏死手中的细菌吗？

142 未来人的牙齿如果坏了，能不能靠科学拔了，再重新长出？

145 假如一群数量足够庞大的人们，一起从悬崖上跳下去，人类能演化出翅膀吗？

148 永生是一种怎样的体验？

154 假如人类祖先返回大海，会怎么样？

158 2.5 万年前尼安德特人的灭绝，至今还是个谜。但如果他们当时并未灭绝，现在会怎样？

/62 为什么动植物不把自己进化得特别难吃，这样不就能避免被吃光了？

/66 章鱼聪明到可以统治世界吗？

/72 假如猫拥有跟人类一样的智商，会发展出什么样的社会呢？

/76 昆虫为什么不会因趋光性，齐刷刷地奔向太阳？

/82 鱼会怎样被淹死？

/86 如果园林绿化草坪种上了韭菜，是不是既可以绿化，又可以食用？

/90 如果把刚刚出生的老虎宝宝换成小猫宝宝，老虎妈妈会不会养到"怀疑虎生"？

/92 为什么手机最后 1% 的电量，有时很耐用？

/95 为什么不能多印点钱，这样大家不就有钱了吗？

/99 《西游记》中，为什么不用变长的金箍棒，直接把唐僧送到西天？

205 《西游记》中，鸡吃完米，狗舔完面，火烧断锁，哪个更快？

208 以唐代技术条件而言，老妇铁杵磨成针可能吗？

214 如何让自己的名字，保留 5000 年？

一个人要长到多高，才能让全世界的人，都可以看到他？

曾加 / 文

我本人有个朋友，名字叫铁柱哥，铁柱哥是个有理想、有情怀的人，他毕生最大的梦想，就是自己能被世界上所有的人看到，为了这个理想，他愿意做任何事情。

作为他的好朋友，我决定用自己的方法，帮助他完成这个梦想。

第一次尝试，我打算让铁柱哥直直地站在地球上。可我们很快就意识到，假如铁柱哥站在中国境内，无论他有多高，在中国另一边的人也不会看到他。

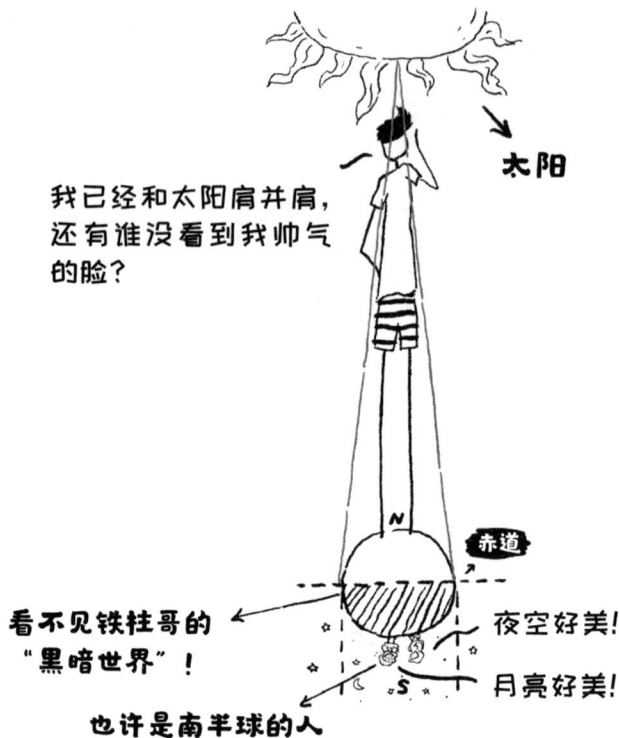

太阳

我已经和太阳肩并肩，还有谁没看到我帅气的脸？

赤道

看不见铁柱哥的"黑暗世界"！

夜空好美！

月亮好美！

也许是南半球的人

看来，我们需要让铁柱哥发挥一些他的超能力，考虑到在太阳系的视角下，地球是一个始终在"**自转**"和"**公转**"的近似球体，我们可以在"空间"和"时间"上有所变通。

第二次尝试，我们打算从"时间"上下手。看到天边那轮圆圆的太阳了吗？世界上所有的事物，在一年内，都会被它的光芒普照！在太阳系的范围，一年内足够让我们看遍所有星星。那这个问题就变得简单了，铁柱哥只需要发挥超能力，成为太阳上的一个**质点**，足够有耐心，就可以在一年内被所有人看到。

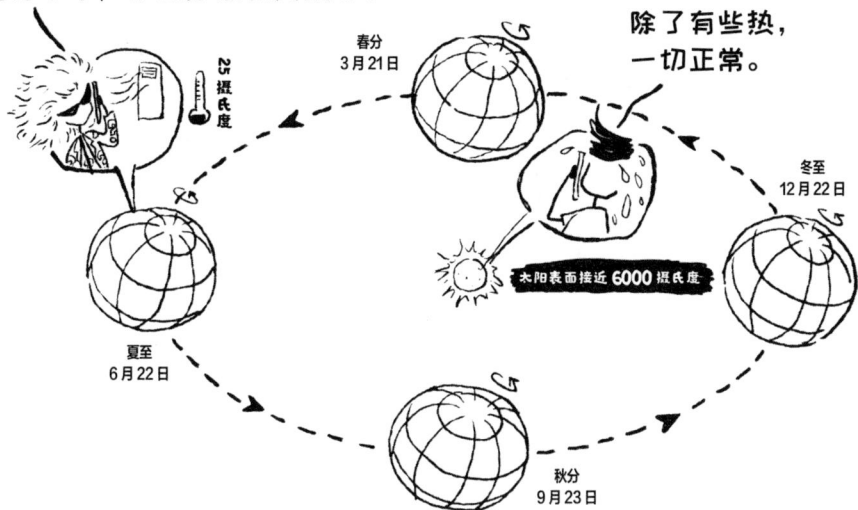

铁柱哥，你在那边还好吗？
再坚持半年，你的梦想就实现了。

除了有些热，
一切正常。

25摄氏度

春分
3月21日

冬至
12月22日

太阳表面接近 **6000** 摄氏度

夏至
6月22日

秋分
9月23日

　　可这样铁柱哥仍不满意，他想：我，铁柱哥，要让地球上的所有人在一天内看到我！

　　于是，我们把目光又转向了地球，地球自转一天就够绕一圈。但是有两个地方比较特殊，就是南极点和北极点。在这两个点上的人看到的天空，可是隔了一个地球那么远的！

　　所以， 铁柱哥至少要有地球直径那么大， 才能让北极的人和南极的人同时看到。事实上，这么高的铁柱哥，也确实可以在一天内让地球上的所有人看到。他只需要平行于地球的旋转轴，直直地在地球边上立着，就可以了。

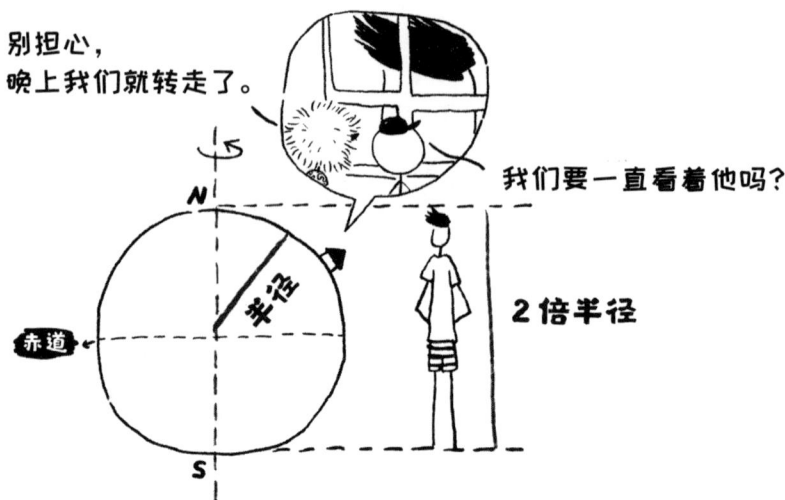

可是，铁柱哥仍不满足于此，一天的时间还是有点久。

于是，铁柱哥提出了终极目标，他要在同一时刻被所有人看到。

显然，现在的铁柱哥，不可能再直直地站着了，因为如果这样，无论他多高，地球背面的人一定是看不到他的。

怎么办？

乍一看，他把自己的身子绕地球一圈就可以了，可惜，这是不正确的。因为一个人即使绕地球一圈，他依然只是在同一个平面上。仔细想一下，一个平面，能让一个球面的人都看到吗？显然是不能的。比如：若铁柱哥把身子绕着赤道转了一圈，那么在北极点的人依然看不到他。

铁柱哥心想：唉，怪地球是三维的。

但是铁柱哥可是有超能力的，他可以长成三维的啊！

第四次尝试，我们让铁柱哥长成一个球外切正八面体，然后沿着八面体的边，像鸟巢一样，缠绕着包裹地球，这样地球上的人不就都能看到他了吗？

于是，铁柱哥把自己折叠成了下面这副模样。

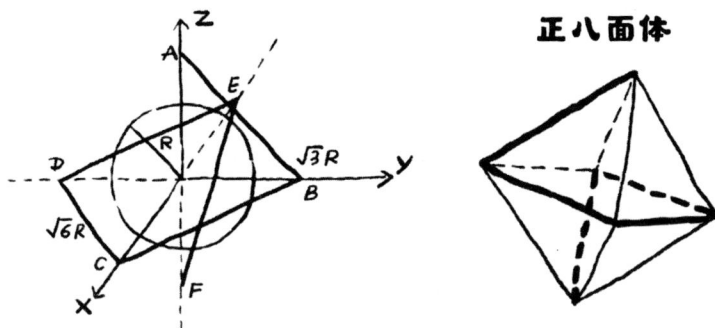

已知当球体的半径为 1 时，它的外切正八面体边长为 $\sqrt{6}$。经过计算，铁柱哥的长度为 $5\sqrt{6}$ R（R 为地球半径），约等于 78,028 千米时，即可呈三维绕地球一圈（上图正八面体的加粗部分）。

78,028 千米是个什么样的长度呢？5 个铁柱哥，就可以从地球连到月亮。

于是，为了完成自己的愿望，铁柱哥长到了月地距离的五分之一，终于实现了让世界上所有人同时看到他的夙愿。

真是个完美的结局。

地球自转和公转

地球自转是指地球绕自转轴自西向东转动，如果我们从北极点上空看地球，会发现地球是呈逆时针的方向在旋转，而从南极点上空看则是呈顺时针旋转。地球自转是地球的一种重要运动形式，自转一周耗时 23 小时 56 分。

地球公转是指地球在太阳引力的作用下，按一定轨道围绕太阳转动。地球公转和自转一样，都具有其特殊的规律性。地球公转一周的时间是一年。

质点

是一个物理学专有名词，指的是一种有质量但不存在体积与形状的点。

通常情况下，当我们做研究时，如果物体的质量大小对研究的影响不大，那么我们便可以把这个物体看作一个质点。此时我们就可以忽略这个物体的很多状态。

人类有没有可能，像萤火虫一样发光？

中科院物理所 / 文

人整体发光有没有可能不确定，但是部分发光还是可以实现的。比如，你可以把冰糖放进嘴里，当牙齿触碰冰糖的瞬间，牙齿会发光，这时你就可以得到一排"会发光的牙齿"，这就是神奇的摩擦**荧光**现象。

冰糖的摩擦荧光确有其事，不过为了确保结论的准确性，我们决定亲自做实验验证一下。由于牙齿发光不容易观察，我们换一个形式。这个实验非常简单，在家里就可以完成，想见证奇迹的同学们可以自己做。

首先，我们需要一个透明的、内部干燥的水瓶。瓶子内部一定要干燥，这是重点，越干燥现象越明显。

其次，把瓶子四分之一的空间装上大块冰糖，然后找一个夜晚，拉上窗帘，关上灯，让室内伸手不见五指。

接下来就是见证奇迹的时刻了。在这种环境下，如果你迅速地摇晃水瓶，就可以看到瓶中的冰糖一下下地发着蓝紫色的闪光。摇得越快，现象越明显！

第一步，找一个透明的水瓶。

第二步，让水瓶的内部变得非常干燥。

第三步，让周围环境越黑越好，把冰糖放入瓶子中。

第四步，使劲摇晃瓶子。

其实这个原理很简单，就是我们常说的摩擦荧光。关于摩擦荧光的研究历史已经有几百年了，早在 17 世纪就有人发现摩擦糖块会发出亮光，在《基础物理学》一书中就有所叙述。由于冰糖**晶体**的非对称性，冰糖在断裂过程中断面会带上正负电荷，这相当于把振动摩擦的机械能转化成了电势能。而电荷中和的放电过程激发了空气中的氮分子，将能量以荧光形式放出。

不得不说，每当我和冰糖们聚在一起的时候，场面真的很"闪耀"。

刺刺！

冰糖

氮气

　　虽然多种晶体都有相似的发光现象，但是这背后蕴含的机理问题有很多。比如，有些晶体不像冰糖这样靠激发氮分子来发光，而是因为晶体本身被激发而发光。摩擦荧光在一些对称晶体上也能观察到。也许有一天人类可以利用这个原理，实现人体发光。

荧光

指物质吸收光照或者其他电磁辐射后发出的光。在日常生活中，人们通常广义地把各种微弱的光亮都称为荧光，而不去仔细追究和区分其发光原理。

晶体

指内部的原子、离子或分子按照一定的周期性在空间排列，在结晶过程中形成具有一定规则的几何外形的固体。

假如光速仅有10米/秒，人会怎样？

神们自己/文

假如光速仅有 10 米 / 秒，它将改变我们周围的时间和空间，我们将能够亲身体验到爱因斯坦的相对论效应。

在这样的一个世界里，我们日常生活中的一切都会发生巨大变化。

假如你在这个奇妙世界里散步，你会发现，周围的房屋和街道都在发生形变。

当你加速跑步时，这种形变现象会更加明显。视野中心的物体逐渐变小并且看起来越来越远，而原本看不见的物体则会渐渐映入你的视野边缘。这是相对论性**畸变**的结果。

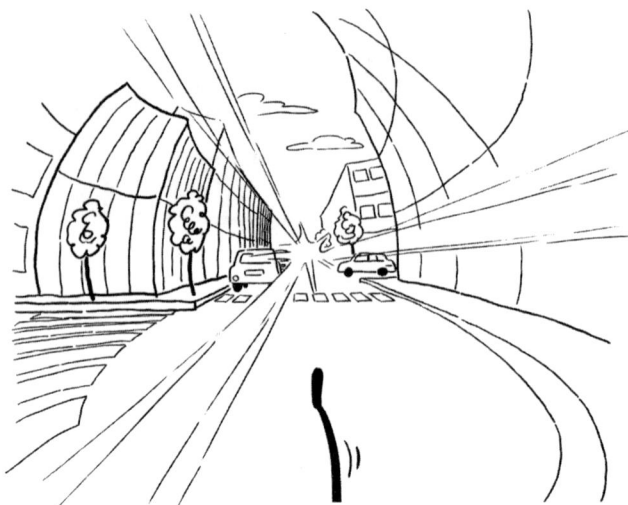

　　另一个有趣的现象是，当你跑步时，颜色也会发生变化。这与声音有些相似：当声源离你越近，声音也就越尖锐；反之则越低沉。这就是"多普勒效应"。对光线来说，"越尖锐"意味着"越蓝"，"越低沉"意味着"越红"。这些现象在你跑步时都会出现，只是因为光速太快，区别太过细微，你没有意识到。

　　当你试图以接近光速的速度奔跑时，你会发现光线变得非常刺眼，这是因为光线过度"偏蓝"而变成了紫外线。与此同时，你周围的环境看起来就像置身于一部慢镜头电影中。这一切都是由于相对运动导致的时间放缓和距离缩短效应。

　　当你看到街角迎面走来一个熟人，你挥了挥手，跟他打个招呼。奇怪，这人今天走起路来怎么慢吞吞的？不对，他身上所有的动作都变慢了！没错，爱因斯坦的相对论告诉我们，速度会减缓时间的流逝！当速度接近光速时，时间变慢的效应会尤其明显。

这个速度刚刚好。

　　当然，在他眼里，你的动作也变得很慢了，挥一挥衣袖，衣袖在空中停滞。

　　你们都觉得自己很正常，都觉得是对方变慢了。这怎么可能呢？其实，这并没有什么奇怪，因为这就是"相对性"。打个比方：如果你的朋友从远处走来，由于近大远小，他在你眼中就会显得很渺小。但是，你在他眼中，难道不也会显得很小吗？其实，你们都觉得自己身材正常，是对方变小了。但实际上谁都没有变小。

　　在这样的世界里，你也许会对光速的恒定性产生怀疑。因为10米/秒的速度对人类来说不难突破——也许对你来说很难突破，但是当博尔特和苏炳添跑起来的时候，他们的速度真的可以超过10米/秒！那么，在这个光速只有10米/秒的世界里，人类是不是可以突破光速极限了？

　　实际上，爱因斯坦指出，光线的传播速度始终是恒定的，无论你是静止的还是以接近光速的速度运动。这意味着，你永远都不可能超过光速。在你的视角看来，无论是站着不动还是跑得像苏炳添那么快，光的传播速度永远是恒定的 10 米 / 秒。

在这样的世界里，并不只是运动跑步的时候和以前不一样了。当你跑累了掏出手机刷一刷，会发现更惊人的变化。

网上不去了。

不是卡，是完全上不去了。不仅你上不去，这个世界的所有人都上不去。

这是怎么了？

你的手机没坏，App 也没坏，App 所在的服务器也没坏。

但光速"坏了"。

在这个光速为 10 米 / 秒的世界里，通信和信息传输的速度将会受到极大的影响。现在都是光纤通信，手机信号和互联网连接速度都将大幅度降低。例如，当前的光纤互联网速度可以达到数千兆比特每秒，但在光速 10 米 / 秒的假设下，这个速度将被大幅降低。科学家和工程师可能需要重新设计通信设备和协议，来适应这种低光速环境。

但不管怎么重新设计软硬件，你的上网体验都再也回不到从前了。因为光速变慢影响的不仅是即时网速，还有延迟。举个例子：上海到北京 1000 多千米，我在上海打开手机里的知乎 App，它连到北京的知乎服务器，至少需要 1 天；服务器收到请求再把数据发给我，又需要 1 天。也就是说，从我打开知乎，到手机屏幕上显示文章列表，需要等 2 天多。我点一篇文章，从我手指点下去，到屏幕上显示出这篇文章，又需要等 2 天多。不过到那时，也许人们会觉得，我等得起。因为手机里的 CPU 速度也变慢了。

　　写到这里，我突然觉得，这样的一个"慢世界"，也许也有优点。再也不会有老板半夜给员工打电话叫员工加班了，因为等打完这个电话，天都亮了。编辑再也不会在微信上找我催稿了，催我，我能和他聊到明年。开机关机，一天就过去了。

　　我发现，自从来到这个"慢世界"，我花在电子设备上的时间越来越少，跑步健身的时间越来越多。我昂首阔步地在大街上冲刺，一边享受着风驰电掣的感觉，一边和行动迟缓的路人挥手致意。我再也看不到路人低头刷手机的现象了，他们个个都捧着书，仔细一看，这本书还是我写的……

　　就在这时，我醒了。

　　物理学告诉我，如果光速真的变成 10 米 / 秒，这奇妙的"慢世界"，根本就不可能存在。

　　因为整个宇宙，都不一定会存在了。

什么？宇宙都不存在了？

假如光速仅有 10 米/秒

因为光速和很多物理规律密切相关，光速就是这个宇宙的基础设置之一，牵一发而动全身。

比如说，整个宇宙的所有力都可以归纳为四大基本作用力：**引力**、**电磁力**、**弱相互作用力**、**强相互作用力**，它们都与光速有关，以强相互作用力与光速的关系为例：强相互作用力主要在**原子核**内起作用。它的作用范围较小，但强度非常大。强相互作用力负责将质子和中子结合在一起形成原子核，以及在更小的尺度上将**夸克**结合在一起形成质子和中子。

如果光速变大，强相互作用力会变小，导致原子解体。

如果光速变小，强相互作用力会变大，因为核子之间的吸引力会增强，**核聚变**会越来越容易。太阳就是一个天然的核聚变反应堆，把氢聚变成氦，在这个过程中可以放出大量的光和热。如果核聚变的门槛变低了，那么氢会直接聚变成**重元素**，放出的能量会远远大于现在，一个**氦闪**直接把地球**汽化**都说不定。

但这不是你需要操心的问题。

因为当光速降到 10 米 / 秒，电子会被吸进原子核中，宇宙中的各种天体，都会在剧烈的核聚变反应中发生超新星爆发。然后，它们会**坍缩**成中子星或者**黑洞**。

你，我，地球上所有的人，乃至整个地球、整个太阳系、整个宇宙，都在一片绚烂的超新星爆发的大烟花中，变成了光。

不是普通的红光蓝光，而是波长极短、频率极高的不可见光：**伽马射线**。

这个慢宇宙，最后只剩下两样东西：伽马射线和黑洞。

知识加油站

畸变

指物体外在的畸形的变化。例如，我们在拍摄四方形的物体时，周围会出现卷翘或膨鼓的现象，这是由于主光线的光路偏离而引起的成像缺陷。

引力

是任意两个物体或两个粒子间的距离与其质量乘积相关的吸引力，是自然界中最普遍的力。

电磁力

指处于电场、磁场或电磁场的带电粒子所受到的力。

弱相互作用力

四种基本作用力中第二弱的、作用距离最短的一种力。它只作用于电子、夸克、中微子等费米子，并制约着放射性现象，而对光子、引力子等玻色子不起作用。

强相互作用力

四种基本作用力中最强的、作用距离第二短的一种力。它将质子和中子中的夸克束缚在一起，并将原子中的质子和中子束缚在一起。

原子核

位于原子的核心部分，由质子和中子两种微粒构成。而质子又是由两个上夸克和一个下夸克组成，中子又是由两个下夸克和一个上夸克组成。

夸克

是一种参与强相互作用的基本粒子，也是构成物质的基本单元。

核聚变

指轻原子核（例如氘和氚）结合成较重原子核（例如氦）时放出巨大能量的过程。

重元素

指原子序数较高，相对原子质量较大的元素。

氦闪

指在中等质量恒星的核心，或是白矮星表面堆积的氦突然开始的核聚变。

汽化

指物质从液态变为气态的相变过程。

坍缩

指恒星的物质收缩而挤压在一起。在恒星生存期的某一阶段，其内部温度将会降低。在引力作用下，恒星内部物质的原子结构会遭到破坏并挤压收缩。

黑洞

指现代广义相对论中，存在于宇宙空间中的一种天体。黑洞的引力极其强大，一旦进入这个界面，即使光也无法逃脱，所以叫"黑洞"。

伽马射线

指原子核能级跃迁退激时释放出的射线，是波长短于 0.1 埃的电磁波。

如何快捷简便地判断，一壶常温的清水是否煮过？

神们自己/文

在我们日常生活中，水是必不可少的。无论是做饭、洗澡、喝水、泡茶或者冲咖啡，水都扮演着至关重要的角色。

可是，你有没有想过这样一个问题：在水的温度都是室温的情况下，如何快速地判断一壶清水是不是已经煮过了呢？

用科学的语言来说，煮水这个动作被称为"加热过程"。通过不断地加热，水分子从静止状态开始运动，最终沸腾。如果把煮水过程分为三个阶段，就像是一部水的成长史，简称"三大变革"：

1.破茧成蝶：水从初始状态开始加热，水分子们慢慢开始运动，就像是一个个正在努力挣脱束缚的小蝌蚪。

2.翻江倒海：随着温度的升高，水分子运动越来越剧烈，就好像一群激情澎湃的青春少年在尽情挥洒汗水。

3.一触即发：当水分子的运动达到顶峰，形成沸腾现象时，就像一场激烈的篮球赛，每个人都在争夺篮板，水分子们争先恐后地想要跃出水面，成为 MVP。

水经过这"三大变革"之后，就不再是原来的水了。那么，煮过的水相比没煮过的水，到底发生了什么变化？

最显著的变化是含氧量。

氧气在水中的溶解度，随温度升高而降低。零摄氏度时，水中的氧气含量较高，大约为 14 毫克 / 升。然后，随着水温的升高，氧气含量会迅速降低。例如，在 30 摄氏度时，氧气含量降至约 7 毫克 / 升，而在 80 摄氏度时降至约 3 毫克 / 升。当温度接近沸点时，水中的氧气含量几乎为零。加热过程中，氧气逐渐从水中逸出，这也解释了为什么在水煮沸之前会出现气泡。

当然，当水温回到室温之后，空气中的氧气又会溶解到水里。但是，在水重新冷却的过程中，氧气溶解速度较慢，尤其是静止的水，需要较长时间才能恢复到溶解平衡。因此，经过煮沸再降至常温的水，其氧气含量会明显低于未经煮沸的水。

只需检测水中的氧含量，就能判断一壶水是不是烧开过。尽管水中还包含其他空气成分，如氮气和二氧化碳，但由于氧气的化学活性较高，因此更容易被检测到。至于检测方法，可以用现成的溶解氧检测仪器，比如**光学传感器**或**电化学传感器**，原理是**覆膜电极法**和**荧光法**。不过，你最好不要等太久再去检测，否则水中的氧气含量又会慢慢恢复原状。

如果你觉得用仪器检测麻烦，想找简单的方法，当然是有的。

比如，如果鱼缸中的水是煮开的，此时不小心放入一条金鱼，金鱼是会缺氧的。

哎呀，谁把烧过的水放鱼缸里了。

救命，我缺氧！

我们还可以用植物检测。

氧气是一种氧化剂。当水中的氧含量降低时，氧化还原电位也会降低。"氧化还原电位"是衡量水中氧化剂与还原剂相对浓度的指标，通过测量溶液中氧化剂和还原剂间的电子转移能力来评估，单位通常为毫伏（mV）。氧化还原电位高，意味着氧化剂得到电子的能力更强；反之，氧化还原电位低，意味着失去电子的能力更强。所以，煮过的水在与其他物质发生化学反应时，更容易失去电子。有人说用煮过的水泡茶更好喝，这种说法在某种程度上是对的。因为较低的氧化还原电位剥离茶叶电子的能力不强，有助于减缓茶叶中的氧化反应，保持茶叶的新鲜度。

所以，如果你是一位行家级茶艺师，你可以直接用泡茶的口感来判断。哪壶茶更好喝，好喝的茶有可能是用煮过的水泡的。

当然，你可能对喝茶没太多经验。没关系，你也许可以从水的味道和口感中尝出区别。

白开水也有味道吗？有。

我不知道纯净水（蒸馏水）煮过之后的味道有没有变化，但如果你把自来水烧开，作为白开水喝的话，区别还是比较明显的。

自来水其实并不"纯净"，里面常含有钙、镁之类的矿物质。如果你不信的话，请打开烧水壶看看，水壶底部结的那一层"水碱"，大多都是钙离子和镁离子的析出沉淀。而煮开的水，水质更软。水中的矿物质阳离子固化沉淀到壶底之后，喝到嘴里的水就更加纯净了。

富含钙、镁离子的水通常被称为硬水，就像矿泉水一样，喝起来口感饱满。与软水（低矿物质含量的水）相比，硬水可能让人觉得更有"质感"。但是，含钙、镁离子的水可能会带有轻微的咸味，这是因为钙、镁等矿物质离子溶解在水中时产生了一定的电荷，导致水的味道略有改变。而且，如果硬水中的矿物质含量过高，可能会产生一定程度的涩味。这也是因为其中的钙、镁等离子与其他物质发生反应，形成沉淀物，影响了水的口感。

如果你能喝出矿泉水和纯净水之间的区别，相信你也能喝出自来水和煮过的水之间的区别。

万一没喝出来的话，建议你再品一口，因为自来水中还有一种有味道的东西：氯气。

自然水体本身不含氯，氯气是为了给水消毒，人工添加的，这是因为氯在水处理过程中常作为消毒剂使用，具有很强的氧化性，能有效杀死水中的病原体。氯在水中的溶解度非常低，且容易挥发，为确保输送过程中的饮用水能够持续消毒，根据国家标准，供水管网末端的余氯含量必须大于或等于每升 0.05 毫克。这一指标有助于确保饮用水输送过程中不会滋生细菌。另一方面，出厂水的余氯含量相对较高，必须大于或等于每升 0.3 毫克，否则，出厂的自来水就是不合格产品。

养过鱼的人都知道，自来水是不能直接用来养鱼的，否则会导致鱼死亡，因为氯气有毒。把水放一段时间，让氯气自然挥发掉，就可以养鱼了。

当然，自来水中的氯含量极少，每升水只有零点零几毫克，人喝了不会有任何健康问题。不过，既然水烧开就能让氯气挥发干净，还能杀死生水中可能存在的细菌，为什么不动手煮一煮呢？

知识加油站

光学传感器

是依据光学原理进行测量的传感器，其优点包括具有非破坏性。

电化学传感器

指通过与被测气体发生反应并产生电信号来工作的传感器。典型的电化学传感器由传感电极（或工作电极）和反电极组成，并由一个薄电解层隔开。

覆膜电极法

是根据氧分子透过选择性薄膜的扩散速度来测定水中氧含量的方法。

荧光法

是根据氧分子对荧光物质的猝灭效应原理（荧光物质发生反应而使荧光强度降低）来测定水中氧含量的方法。

如果把火星和地球在太阳系的位置交换一下，会发生什么？

太空精酿 / 文

A

这是个超级大的脑洞。影响主要有如下三点：

1. 月球移动所带来的影响

对地球而言，**地月系统**是个已经稳定了数十亿年的行星—卫星系统，地球也成功实现了对月球的**潮汐锁定**，月球的公转和自转周期基本等于一个农历月。地球的海洋潮汐和固体的潮汐都深受月球的影响。而月球对于维持地球自转轴稳定、减慢地球自转速度和延长地球日，都有着巨大意义。

如果地球失去了月球，就意味着现在的地壳稳定状态（与固体潮汐相关）和海洋潮汐状态将会受到很大的影响。最明显的就是全世界活跃的地震带和火山带将会在短期内变得非常不稳定，各种史无前例的火山、地震、海啸都会发生，地球上绝大部分生物都会处在灭亡边缘。而长期来看，地轴的不稳定还会导致全球剧烈的气候变化，物种大灭绝将会不断上演。

而对出现在月球附近的火星而言，这二者的质量差只有9倍（地月是81倍），火星引力很有可能没办法束缚月球。火星—月球很难形成稳定的系统，可能会对附近的金星和换到火星位置的地球轨道产生影响，火星也不可能老老实实待在现在地球的位置上。几个类地行星的轨道也会一片混乱。

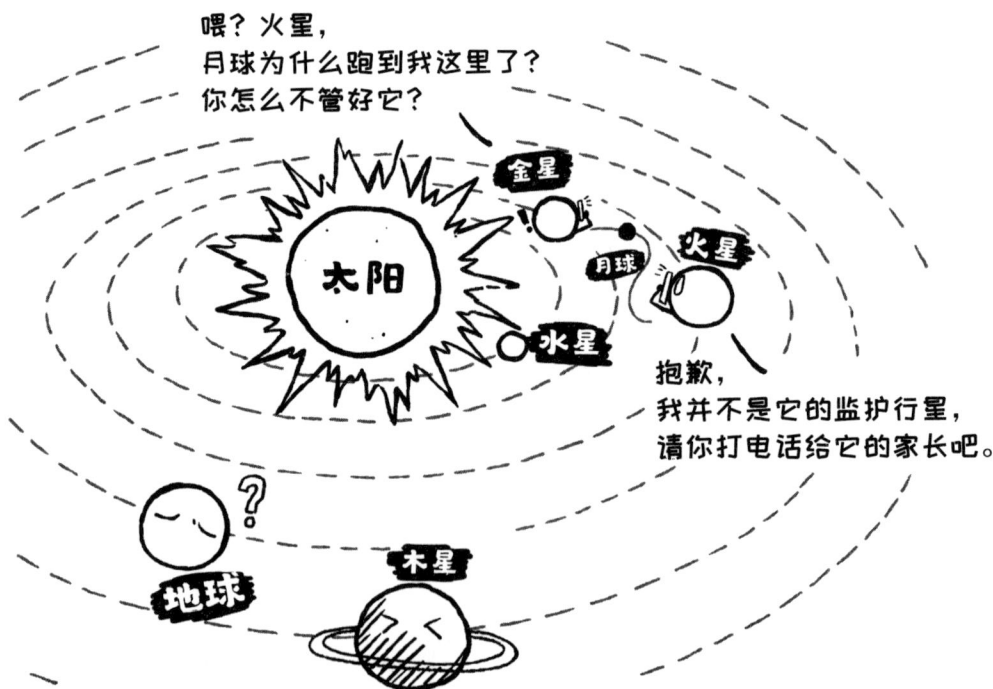

2. 接收太阳能量的不同

火星附近太阳辐射强度只有地球的一半左右，如果地球换到火星的位置，接收的太阳能量变少，全球的气温都会骤降。更恐怖的是，地球表面 70% 以上是海洋，温度降低后海洋会全部冰冻。冰的表面还会反射太阳光，接收到的能量会更少。地球上依赖太阳能、不能适应低温环境的植物都会灭绝，人类的生态链也会崩溃。

这种时候，恐怕只有数千米厚的冰层下面、依赖地球内部热能的一些低等生物才能存活下来。

对火星而言，太阳能量变得更多其实没有好处。由于火星体积小、磁场极弱，移动到地球的位置后，空气会急速流失。火星上原本就所剩无几的南北极冰和干冰也会蒸发掉，火星将会彻底荒芜。

3. 对火星卫星和小行星带的影响

火卫一和火卫二距离火星的位置很近，分别为 6000 千米和 23500 千米。考虑到地球半径和质量都比火星大很多，火卫一大概率会处在地球的**洛希极限**内，它将被地球引力潮汐撕成碎片，形成类似土星的小型地球环。

这也意味着会有不定期的巨大陨石落回地球。

根据消息，今晚不会有陨石袭击地球，请各位民众不必惊慌。

　　而由于地球的引力影响，小行星带也会受到巨大扰动，近地小行星的数量会骤然增加，这也意味着地球的命运岌岌可危，更别说地球上的生命了。

　　所以这件事只能止步于开脑洞，如果地球和火星真的交换位置了，地球幸存的生命将会被封禁在地底，基本只能处于最初级的细菌等低等生物状态，也很难发展出文明了。

地月系统

指的是地球和它的天然卫星月球所组成的天体系统。

在地月系统中，地球是中心天体，因此我们通常会说月球绕着地球运动。其实，地月系的实际运动，是地球与月球围绕着它们共同的中心点绕转。

潮汐锁定

指两个相近的天体之间可以进行锁定，让其中一个天体永远以同一面对着另一个天体。我们最常见的是地球和月球之间的潮汐锁定。当地球完成对月球的潮汐锁定后，月球永远以同一面朝向着地球。

月亮的引力会引起地球上每天两次涨潮，两次退潮，我们把这种现象叫作潮汐。不仅地球上的海洋会有潮汐，其实地球上的岩石圈每天也会起伏 60 厘米，这叫固体的潮汐。

除了地球和月球这对伙伴外，太阳和水星之间、行星和卫星之间，太阳系外的其他恒星和行星之间，都会有这样的潮汐锁定现象。

洛希极限

指一个天体自身的引力与第二个天体造成的潮汐力相等时的距离。当两个天体的距离少于洛希极限，天体就会倾向碎散，继而成为第二个天体的环。

可以在宇宙空间站里涮火锅吗?

中国科普博览 / 文

A 这个问题确实应当重视一下。毕竟在载人航天技术不断稳固的环境下，在不远的将来，非专业人士只要经过专业训练，也是可以进入航天器的。但结果恐怕要让美食爱好者失望了，吃火锅受到的限制会比较多，而且肯定不会像在地面上吃得那么舒坦。

首先，气味的扩散问题令人头疼。

航天器内作为一个封闭的环境，任何气味都能扩散到整个舱段。这里的气味不仅仅指食材的气味，也指人体产生的味道。所以气味重的食物就只能很遗憾地说再见了。

其次，食物残渣乱飞，清理不易。

航天器基本上都是需要直接暴露在**失重**环境下的，这也意味着食物的渣滓会到处乱飞——在地面上清理面包渣都非常吃力，何况要在飞行器内去追逐到处乱飞的食物碎片呢？航天器里的空间十分有限，在一堆仪器里吃饭，一个不留神，这些碎片就容易飞进仪器里。固体还好说，液体的话，可以直接把机器烧短路。

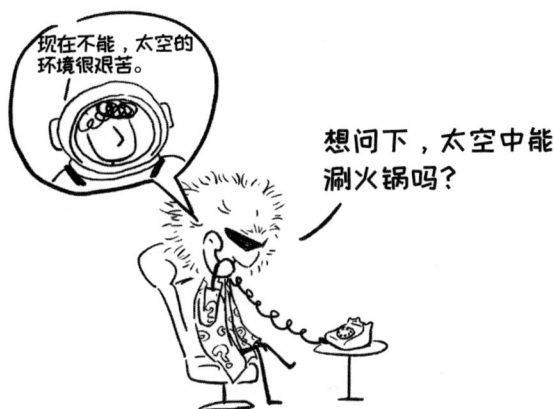

这直接引发了一个核心问题：怎么吃？

火锅这种东西，不喝汤，只需要把生食材添加入热汤中煮熟，捞出来就可食用。由于这个过程中直接涉及"从液体中取出固体"的操作，还不能让液体乱飞，在失重的条件下，颇为难办。

那么，就没有办法了吗？

不要低估人的能力！当然有办法了。

航天食品中有一类是"复水食品"，就是往干燥的食品里加水，恢复到干燥前的风味。科学家们为了让宇航员们吃好，对食物制作实在是煞费苦心。

比如，他们将一些食材与调味料按照合理的比例混合在一起做出火锅风味的食品。想吃的时候，只要加热水就好了。虽然跟地面上吃火锅的感觉完全不一样，但也算是能吃上了。

最后还需要强调一点，航天员每日摄入的能量以及营养物质，是受到严格控制的，火锅食品也不能例外。所以，"无肉不欢"的朋友们，如果真想在天上吃火锅的话，你们可能要小小地失望一下了。

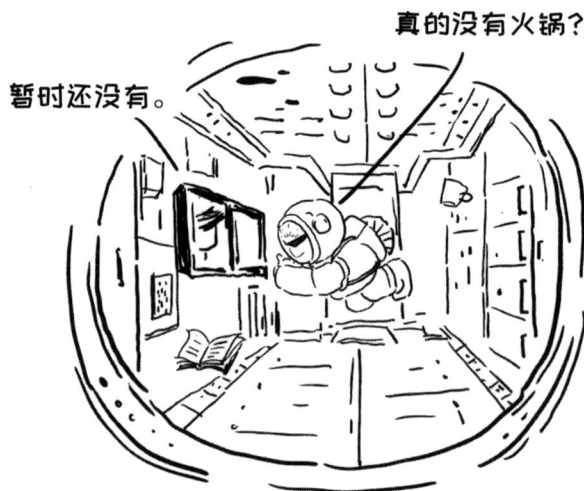

知识加油站

失重

指物体对支持物的压力（或拉力）小于物体所受的重力的情况。

假设有足够材料，在不考虑地基承受能力的情况下，从地面盖楼能到达月球轨道吗？

苍原雪 / 文

这是一个很有趣的问题。因为当楼越来越高的时候，地基承受的其实并不是压力，而是拉力。

假设我们用钢筋混凝土盖楼，楼的密度大约是 0.5 吨 / 立方米（以上海中心大厦为例，大厦体积 1,500,000 立方米，质量 800,000 吨）。如果楼的粗细均匀，远看大概会像"一根丝线"。考虑到**重力加速度**随高度增加而逐渐减小，地球旋转**角速度**已知不变，不考虑月球引力影响的话，我们可以大概预估一下后续的变化。

当楼逐渐变高的时候，地基压力也会变大。但是当楼顶逐渐接近**同步轨道**时，压力增速会渐渐放缓，地基压力在同步轨道处到达最大值。随后地基受到的压力逐渐减小，因为同步轨道以外的部分"被往外甩"，抵消了部分压力，在大约 23 倍于地球半径处恰好完全抵消。而后随着高度继续增加，压力变为拉力，拉力快速增加。

根据计算，地基所受最大压力会超过 24 GPa，这大约是地下 500—800 千米处的压力。在这种压力下，岩石的晶体结构会被完全破坏。

当大楼高度达到大约 23.6 倍地球半径（约 150356 千米）的时候，地基终于被解放了，整条大楼终于实现了拉力与压力的自我平衡。换句话说，这时候即使没有地基，这条大楼也可以贴地飘浮。

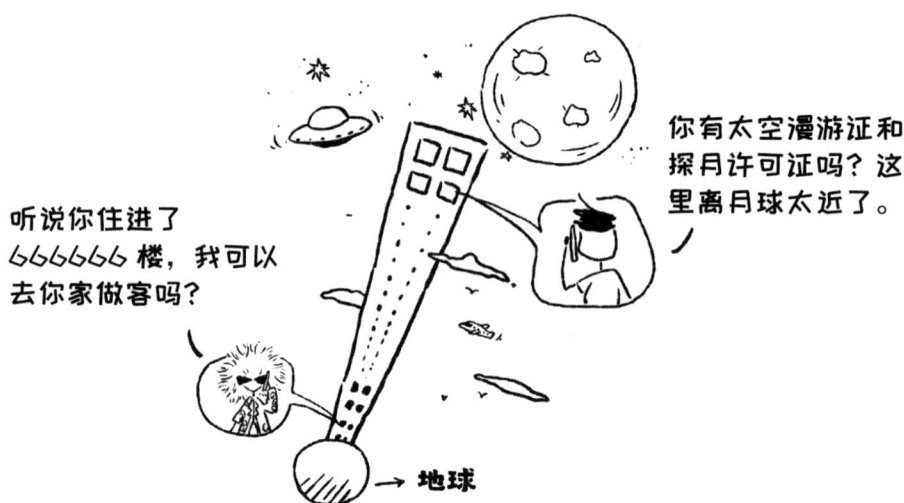

如果楼继续增高，则地基需要承受很大的拉力。我们假设拉力完全由深深扎根的地基传达、由岩石自己的质量抵消，那么大概每 1 米深的地基可以抵消 70—80 米的楼房，大约是 30 层。按照平均 17 千米的地壳厚度，如果地基深入地壳，楼还可以再增盖 1000 千米。而再高就会连带地皮一起飞出去。

这就好比一个长着 100 米长发的人，一甩头，刺啦一声头皮被头发连根带了出去。但如果楼可以像大树那样扎根，应该可以盖得更高。

让我们把楼继续往月球方向去盖，拉力继续增加，最大值会在同步轨道附近，大约 190 GPa。这个拉力有多大呢？大约是碳纤维的 30 倍，碳纳米管的 3 倍。

我们不妨脑洞再大一点，假设这个楼的地面部分是一个非常非常大的商场，面积为 300 米 ×300 米，那么大约高度只要达到 3500,000 倍地球半径（大概是 150 A.U.）就可以把地球拉走。

截至 2018 年 1 月 2 日，旅行者 1 号正处于离太阳 141 A.U. 的位置。如果咱们能在几年内把楼盖完，说不定就能追上它了。然后，整个地球就被这个大楼拽飞了。

重力加速度

这是一个在安全地方你也可以做的实验。找两块大小不一样、重量不一样的石头，从同一个地点、同一个高度扔下去（注意不要危害公共安全哦），你会发现虽然石头重量不同，但是可以同时到达地面。这种现象说明，在地球上同一地点做自由落体运动的所有物体，下落过程中的加速度的大小和方向是完全相同的。这个加速度称为自由落体加速度，即是由物体所受的重力产生的，也称为重力加速度。

角速度

假设某质点做圆周运动，在 Δt 时间内转过的角为 $\Delta\theta$，$\Delta\theta$ 与 Δt 的比值，描述了物体绕圆心运动的快慢，这个比值叫作角速度。

同步轨道

在同步轨道上运行的物体（通常指卫星）与被环绕物体（通常是行星）有同样的平均环绕周期，并且方向一致。

GPa

压强单位，1 GPa=1000,000,000 pa。在标准大气条件下海平面的气压约为 10^5 Pa。压强是物体单位面积受到的压力，压强越大，压力的作用效果越明显。

A.U.

是天文单位 Astronomical Unit 的简写，是一个长度单位，约等于地球到太阳的平均距离，1.5 亿千米。这个单位在天文学研究中经常出现，可以很方便地表达太阳系中各个星球之间的距离。

如果只剩下太阳这一颗恒星，宇宙会变成什么样？

神们自己／文

A 宇宙会消亡。

我们自己的生命脆弱而短暂，所以我们潜意识中总是以为，天体是永恒不变的。地球会一直像现在这样，每年绕着太阳转一圈，直到永远。

但是，即使是**恒星**，也会"死"。

下面的内容，就是一颗恒星从生到死的全过程。

很久很久以前，在宇宙大爆炸之初，宇宙中只有两种最简单的物质：氢和氦，大部分是氢。氢是元素周期表的第一位，只有一个质子和一个电子，没有谁比它更简单了。由氢组成的低温气体云，在万有引力的作用下互相吸引，凝结成为原始的恒星核心。

气体越聚越多，凝结的核心变大，进而吸引更多的气体。童年恒星就这样一天天长大，它核心的压力和温度逐渐上升，氢气在高温高压下，原子核和电子分离，变成了等离子态。当温度超过 1500 万摄氏度、压力超过 200 万个地球大气压时，氢开始聚变为氦，同时释放出巨大的能量，以光和热的形式向外辐射——一颗成年恒星诞生了。

恒星诞生的方式都差不多，但"死"法却各有不同。唯一的变量是个头大小。像太阳这么大的普通恒星，当它核心的氢燃料耗尽，外壳中的氢被点燃，气体外壳在高温下膨胀，会导致恒星半径增大 10—100 倍，变成红巨星。如果地球那时还在现在的轨道上，会被太阳吞没。太阳变成红巨星之后，核心温度上升到 2 亿摄氏度以上，会引发氦聚变连锁反应，核心的氦在瞬间爆发式燃烧，一次性释放出相当于太阳在几十年内辐射的能量，这就是"氦闪"。红巨星时期结束后，太阳逐渐冷却，变成白矮星，最终彻底熄灭，变成黑矮星。

如果恒星质量不到太阳的一半，当它核心的氢燃尽后，因为质量太小，核心不足以达到氦聚变的温度和压力，无法发生氦闪。氢烧完后，恒星就熄灭了，最终成为一颗黑矮星。

如果恒星质量是太阳的 8 倍以上，它在红巨星阶段会膨胀几百倍，变成"红超巨星"。如果恒星的质量足够大，氦聚变完成后，会进一步聚变为更重的元素，直到铁元素被聚变出来。比铁轻的元素聚变时会释放能量，但铁聚变需要吸收能量，导致恒星内部没有足够的能量来对抗重力，恒星核心瞬间坍缩，形成剧烈的超新星爆发。超新星爆发时的亮度惊人，会持续十几天到几十天，整个星系内都有机会用肉眼看到。恒星的绝大部分物质被炸飞，剩下的核心坍缩为中子星。如果残留星体质量在太阳的 3 倍以上，还会进一步坍缩为黑洞。

虽然过程比较复杂，但恒星最终的归宿无非这么几种：白矮星、黑矮星、中子星、黑洞。黑洞和黑矮星不发光，白矮星和中子星还是发光的，但当它们的能量消耗完之后（200 亿年），最终会变成不发光的黑矮星。

恒星寿命一般在几十亿年到 100 亿年，较小的红矮星因为核反应速度比较慢，预期寿命甚至能达到上万亿年，以至从宇宙大爆炸至今（138 亿年），还没有一颗红矮星走到生命的尽头。如果等到宇宙自然演化，恒星一颗颗熄灭，直到剩下最后一颗——这起码需要上万亿年的时间周期，那时人类这个物种也许早已消失了吧?

好奇心强的人类喜欢大开脑洞：假如，我是说假如，由于某种无法描述的超自然力量，宇宙出现了"亿年未有之大变局"，所有恒星瞬间死亡，只有太阳没事。此时，地球上的人类，还能像以往那样岁月静好地生活吗？

从表面上看，似乎不会有太大影响。你可能会觉得，"死"的都是别人家星系的恒星，关我们太阳系什么事？无非就是晚上看不到星星了吧。

但真实情况可没这么简单。别忘了，大质量恒星在"临死"之时也许会有超新星爆发。如果超新星距离地球3000**光年**以内，人类可以在夜空中看到它的光辉，比满月还亮。距离在500光年内，超新星发出的能量甚至能小幅度改变地球温度。如果在50光年内，太阳质量25倍以上的恒星会变成"极超新星"，爆发出强烈的伽马射线暴，足以杀死大部分地球生物。

这种恐怖的事情，极有可能已经发生过了。研究表明，4亿5

千万年前的奥陶纪 - 志留纪物种大灭绝，可能就是一颗极超新星发出的伽马射线引起的，10 秒内摧毁了地球一半的臭氧层，使得地球上的生物毫无保护地暴露在太阳紫外线之下，被活活晒死。

如果全宇宙所有恒星同时死亡，银河系所有超新星同时爆发，会不会有一颗距离地球足够近、块头又足够大的超新星，用它的伽马射线摧毁地球生物圈，并杀死全人类？我们不得而知。

不过仍然存在一种极小的可能：人类足够幸运，恰好没有受到超新星致命的威胁。

如果是这样，那么接下来发生的事情，可能就更加魔幻了：

我们也许会接到外星人的电话。

恒星在宇宙中，就像沙子一样多。银河系目前能观测到的恒星有 18 亿颗，估计总数在 1000 亿颗—4000 亿颗。这只是一个银河系而已，要知道，宇宙中这样的星系浩如烟海。不排除银河系中还有其他智慧文明，但即使那些星星想联系我们，也不可能做到。你能把沙漠里的每一粒沙子都翻一遍，只为找到那特别的一颗吗？

但是当所有恒星都熄灭后，情况就彻底不同了。太阳将成为全宇宙唯一的灯塔，想不引人注意都难。假如距离太阳系100光年外有个智慧文明，在经历宇宙大浩劫之后也幸存了下来，他们的天文学家会看到这样的景象：星空中千亿颗恒星一批批地熄灭，但有个暗淡的光点始终都在。没错，因为光在宇宙中只能以每秒30万千米的速度传播，所以他们并不会看到全宇宙所有恒星同时熄灭的奇景。但几百年后，他们迟早会意识到一个"诡异"的问题：为什么那颗恒星偏偏没事？

总会有外星人试图向我们发消息的，无论在他们看来风险有多大。而人类一定会回答——面对宇宙级的危机，"不要回答"的担忧毫无意义。因为地球人也面临着同样的"反向囚徒困境"：如果当整个可观测宇宙的恒星突然间都消亡了，你觉得地球又能坚持多久？

当篝火熄灭时，一定会有人点起灯笼。如果有足够高等的文明幸存，他们很可能会展开自救。只要宇宙的物理规律没变，就没人能在不耗费额外能量的前提下逆转熵。也就是说，已经熄灭的恒星是没法复活的。但一定会有残存的能量。比如说，质量偏小的迷你恒星，因为核心温度和压力达不到核聚变条件，这些发育失败的恒星上的氢从未燃烧过，可以收集起来，重造一个新的太阳。也许有的文明已经学会了重元素聚变，可以点燃行星上的石头，从中提取能量。

在整个宇宙的恒星全体熄灭之后，也许很久、很久之后，一片漆黑的星空中，将出现新的光点。

那是幸存者们最后的倔强。

这些硕果仅存的文明，会联合起来，来一场星际版的"荒野求生"吗？

或者，会像干枯水塘里的最后几条鱼，为了残存的一点能源互相竞夺？

那就是另一个脑洞问题了……

知识加油站

恒星

是指由发光等离子体——主要是氢、氦和微量的较重元素——构成的巨型球体。你在夜空中看到的那些星星点点，除了少数行星，其他的绝大多数都是恒星。

光年

指光在宇宙真空中沿直线经过一年时间的距离，为 9.46 万亿千米。

有没有可能给月球表面都打上蜡？

神们自己 / 文

A

尊敬的客户：

您好！

今天，我们收到了您下的订单，要求给月球表面都打上**蜡**，把它变成一个光溜溜的圆球。

首先，感谢您对我们"太阳系装修工程有限公司"的信任，让我们有机会为您提供服务。在此，向您介绍我们的工程执行方案。

给月球表面打上蜡，使它变成一个光滑的圆球，听起来确实很酷。但是在现实中，这样做是否可行呢？

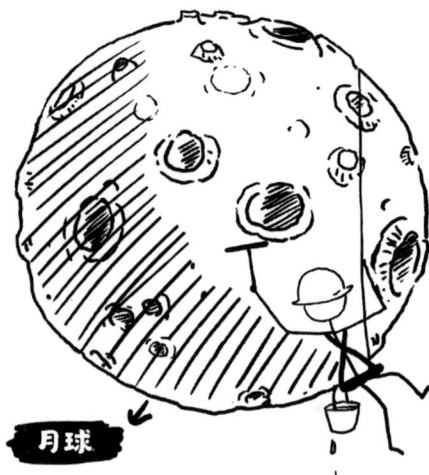

月球

月球，并不像它的名字一样，真的是个圆球。月球表面充满了陨石坑、山脉和山谷等凹凸不平的不规则形状。要想把月球变成一个光滑的圆球，需要把表面凹凸不平的地方全部填平。

如果您是在给自家的地板打蜡，当然可以用蜡来把坑坑洼洼的地方填满。不过，这里是月球，您可能低估了月球表面凹凸不平的程度。根据"**嫦娥一号**"探月卫星发回的数据，中国科学家首次精确地测出了月球表面的最高点和最低点。月球上最深的坑深度是 9230 米，位于南极区域；而月球上的最高峰高达 9840 米，比地球最高峰珠穆朗玛峰高出近 1000 米！

地球引力是月球的 6 倍，同样一座山，在月球上的重量只有地球上的 1/6。为什么地球上的山不会无限长高？因为石头的承重强度是有限的，山体结构会被自身的重量压垮。而月球重力低，所以月球上的山长得比地球上的高。

如果用蜡把月球表面填平，需要涂一层将近 1 万米厚的蜡。月球的表面积是 3800 万平方千米，可以算出，这层 1 万米厚的蜡体积大约是 3.8×10^{17} 立方米。一般蜡烛用的石蜡密度约 0.9 g/cm^3，也就是 900 kg/m^3。所以，需要的蜡是 3.4×10^{20} 千克。

我在网上搜了下，散装的 1 千克地板蜡 30 块钱包邮。这样说来，给月球打蜡的材料成本在 10^{22} 元量级，也许趁着"双十一"买还能打点折。这个天文数字是什么概念？我们拿世界 GDP 总量来做个对比。2022 年世界 GDP 总量首次超过 100 万亿美元，大概相当于 700 万亿人民币。如果每年把整个地球的 GDP 都用来买蜡，需要 1400 万年，才能把货款付清！

当然，有钱肯定不成问题。真正的问题是，地球上根本就产不出这么多蜡！哪怕一平方米蜡的价格涨到比一平方米的房价还贵，供应商也满足不了您的需求。实际上，整个地壳的质量也只有 9×10^{20} 千克。哪怕把地球的蜡都用上也不够。

所以，直接给月球打蜡并不是最好的方案。我们建议，先把月球表面的山全部铲平，再把坑全部填平，把月球真正变成一个没有毛刺的圆球，然后我们再执行您的打蜡计划。当然，这个前期工程的工作量不小，需要大量的钱。

给一个完全光滑的月球打蜡，只需要像给地板打蜡一样，涂上薄薄一层。给地板打蜡，一般100平方米要用3.5千克蜡。所以，要给整个月球都打上蜡，需要的地板蜡大约是13亿吨。这比直接给月球打蜡的方案省了几亿倍！

既然您是住在地球上，想在地球上欣赏打蜡后的月球，只需给59%的月球表面打蜡即可。因为，地球和月球距离很近，双方的引力形成了"潮汐锁定"，使得月球朝地球的始终是同一面，在地球上能看到的面积占总面积的59%。既然您在地球上永远看不到月球背面，何必给它背面打蜡呢？能省则省嘛！

月球打蜡工程装修后的效果如下：打蜡后的月球，就像一个直径3500千米的球面镜，反射率超过80%，在太阳光的照射下亮度极佳，晚上在月光下看书写字毫无问题。但如果望月，须戴上墨镜，以免时间久了影响视力。

月光变强之后，强烈的月光照在黑暗的地球表面，会反射回月球。因为打蜡后的月球是一个光滑的反射镜，所以这道光又被反射回地球。这样，当您仰望月球时，您会看到地球的倒影！如果您使用超高分辨率望远镜仔细看的话，没准还能看到您的身躯呢！

当整个月球表面覆盖一层蜡之后，会产生一个巨大的问题。月球没有大气层，在阳光的暴晒下，蜡会熔化。地板蜡的**熔点**在 60—100 摄氏度之间，而月球白天的温度可达到 127 摄氏度。熔化的蜡肆意流淌；到晚上，或者背阴没有阳光的地方，温度降低到零下 183 摄氏度，蜡又会瞬间凝固。而且，长此以往，地球的**潮汐力**会把熔化的蜡都吸到一块儿，变成一个蜡之海。白天，熔化的蜡海上波涛汹涌；晚上，那些冻住的波涛成了凝固的雕塑，成为一道亮丽的风景线——不过，我觉得一个蜡流满月的星球，应该不是您理想中的效果。

为了避免这个问题的发生，我公司的方案是，在蜡层之上再涂一层反光材料，使得白天的阳光不会产生高温。比如，可以刷一层亮光漆，这种漆的熔点在 300 摄氏度以上，不会被阳光的热量熔化，还能反射阳光，便宜又好用。

当然也可以直接上金箔！不过这个更贵了。

由于月球缺乏大气层的保护，外太空的陨石会直接砸到月球上，所以月球上布满了大大小小的陨石坑，估计有几十万个之多。目前，

已经发现了大约 14 万多个直径 1 千米以上的陨石坑，最大的在南极的艾特肯盆地，直径约 2500 千米。如果不进行保养，打蜡后的月球很快会变得到处是坑的。

现在我们有一份装修加保养服务合同摆在您面前。合同最后一条是免责条款，大意是：在月球打蜡加上镀金之后，由于过于闪亮，有可能会被外星天文学家发现。如果拆迁月球的话，属于不可抗力，由此造成的损失我公司概不负责，希望您理解。

谢谢！

您诚挚的

太阳系装修工程有限公司

地址：太阳系木卫二地下海洋数字生命智能区 404 号服务器

知识加油站

蜡

指动物、植物或矿物所产生的油质。常温下为固态，具有可塑性，易熔化，不溶于水的特点。蜡是一种混合物，主要成分是正二十二烷和正二十八烷。按照来源可以分为植物蜡、动物蜡、矿物蜡、合成蜡。

嫦娥一号

中国探月计划中的第一颗绕月人造卫星，以中国古代神话人物嫦娥命名。2007 年 10 月 24 日，"嫦娥一号"在西昌卫星发射中心发射升空；2009 年 3 月 1 日，"嫦娥一号"完成使命，撞击月球表面预定地点。

GDP

指国内生产总值（Gross Domestic Product，简称 GDP）。是一个国家（或地区）所有常住单位在一定时期内生产活动的最终成果。GDP 是国民经济核算的核心指标，也是衡量一个国家或地区经济状况和发展水平的重要指标。

熔点

指固体将其物态由固态转变为液态的温度。

潮汐力

当引力源对物体产生力的作用时，由于物体上各点到引力源距离不等所以受到引力大小不同，从而产生引力差，并对物体产生撕扯效果，这种引力差就是潮汐力。

假如回到中世纪，你怎么告诉人们地球不是宇宙的中心？

回答这个问题前，先来了解下**哥白尼**和他的《天体运行论》的故事：

1530 年左右，哥白尼完成了伟大的著作《天体运行论》，以更加简洁的方式解决了若干重大的天文观测问题。但是他害怕他的理论会招来教会的迫害，因此一直不敢出版，直到 1543 年临死之际才下定决心把书付诸刊印。新书出版后，他只来得及摸了一下封面就与世长辞了。虽然教会把这本书列为禁书，但是此书却吸引了大量富有开创精神的天文学家研读，最终**日心说**在和教会的奋战中得以确立。

这是我们以为的故事——但是事实上这个故事是

这样的：

早在 1510—1514 年间，哥白尼先完成了一篇《短论》，并在教会中一个小圈子里流传。现存最早的手稿在德国，出自 1514 年。这里面已经有了他的日心说的全部主要观点，然而不成熟。到 1530 年左右，《天体运行论》的主要论点已经差不多创作完成了，但是哥白尼一直在收集更多的天文观测记录，来完善他的观点。在《短论》流传期间，哥白尼收到了很多朋友的鼓励，希望他能出版。1536 年，一位大主教阅读了《短论》，并听说哥白尼在写《天体运行论》，于是写信给哥白尼，促请他出版他的书。大主教在信中是这样说的：

> ……怀着最真诚之心，我恳求您，我最博学的阁下，把您的最新发现与学者们进行交流，并尽早地把您的著作送给我一份……如果您能满足我的渴望，您将发现您面对的是一个对您的声望和学识充满敬佩的人，并对您的天才充满赞赏。

1539 年，哥白尼的一位学生读了哥白尼的手稿后，立即给哥白尼写了一封公开信，支持他将《天体运行论》完成并出版，之后这位学生还专门发表了一篇文章，介绍哥白尼的理论。

同样是在 1539 年，宗教改革的领袖马丁·路德了解到哥白尼的理论后，发表激烈反对言论。

1541 年，在上面提到的那位学生的支持下，哥白尼发表了部分理论，发现大家的接受度还不错。1543 年，哥白尼把全部书稿交给自己的一位主教好友，并由他转交给自己的学生，最终刊印。

《天体运行论》的内容十分专业，除了少数天文学家之外，出版后关注度很低，第一版 400 本都没有售完，也没有引起很大的反响。

让我看看，5 个点赞？

我在朋友圈发表了我最新的观点，一定会引起大家的热烈讨论。

和后世的一些流行认知很不同的地方是，《天体运行论》在出版初期，它的支持者大多来自天主教，而它的反对者有一部分来自新教，主要代表人是马丁·路德。但是最大的反对者却是天文和物理学家们。没错，这个科学革命的第一声冲锋号是天主教吹响的，却受到来自科学界的质疑。但是这些质疑也不是无厘头的反对，由于时代技术的限制，当时的《天体运行论》缺乏很多必要的基础计算和理论支撑。

科学家的质疑主要包括：

首先，当时的天文观测技术并不能支持日心说。按照哥白尼的天文体系，人们应该很明显地看到恒星位置的变化。而实际上当时的裸眼观测水平根本看不到恒星任何变化，这个问题直到 200 多年以后才有了直接的观测证据。

其次，是来自物理学界的质疑，比如说地球自转的离心力、地球飞速公转所引发的巨大风速等等，这些都是在半个世纪乃至一个多世纪之后，由伽利略和牛顿时代才解决的。

哥白尼体系在天文学内部也引起了一些影响。有天文学家把日心说看作是**托勒密体系**的并立版本，并抛弃当时哥白尼认为的宇宙尺寸，而采用"大宇宙"的假说来解决观测不到恒星视差的问题。有的大学中也开始让学生们自由地在托勒密天文学和哥白尼天文学之间做选择。

日心说没办法证明！   地心说经不起推敲！

地心说理论支持者   日心说理论支持者

80 多年后，日心说受到了来自伽利略的支持，再次掀起议论的狂潮。1616 年，《天体运行论》被"下架"。但和世人认知不同的是，《天体运行论》一书并未被彻底禁止。4 年后，也就是 1620 年，书中修改了几句话后重新公开，由天主教廷图书馆提供借阅服务。又过了

100 多年，也就是 1758 年，教皇宣布未修改的原版公开。

真实的故事中，我们看到：

首先，日心说早在出版前几十年就在流传，并且其在出版过程中，教会的内部人士也有所参与，提供了一些帮助。这期间哥白尼并没有被烧死，反而因此获得了声望。教会内部有很多人对哥白尼的理论也是持赞同的。

其次，日心说不是简单的所谓"太阳是宇宙中心"这种理论，而是具有高度数学化、专业化的理论，哥白尼搜集了几十年的天文观测结果，计算了大量的行星运行表。

这个理论不是一天建立起来的，从理论的出现到被人关注经历了半个多世纪，而且中间有许多地位很高的主教、大主教、数学家、天文学家的参与。

这个"真相"也不是那么简单的，它的观测和确认需要很先进的天文观测仪器，在中世纪完全没有可能完成。并且中世纪连印刷术都没有，信息交流并不顺畅，如果你只是单纯地告诉大家，这些话怕是连你所在的村子都传不出去。那个时候的普通人，都忙着在生存线上苦苦挣扎，根本没有读书识字的时间，更别说用一下午的时间听你讲地球和太阳谁是宇宙中心的问题。而你也没资格随意见到大主教，因此，证明哥白尼被烧死这个问题确实是一件困难的事。

你要是很闲，就去摘点棉花。

这位先生，请允许我占用你一点时间来聊聊宇宙天体、太阳与地球。

哥白尼

全名尼古拉·哥白尼，文艺复兴时期波兰天文学家、数学家、教会法博士、神父。他阅读了大量关于天文的著作，并且长期观察星空，在 40 岁时提出了日心说。

日心说

哥白尼提出的"日心说"，有力地打破了长期以来居于宗教统治地位的"地心说"，实现了天文学的根本变革。

日心说的观点是：

1. 地球是球形的。如果在船桅顶放一个光源，当船驶离海岸时，岸上的人们会看见亮光逐渐降低，直至消失。

2. 地球在运动，并且 24 小时自转一周。因为天空比大地大太多，如果无限大的天穹在旋转而地球不动，实在是不可想象。

3. 太阳是不动的，而且在宇宙中心，地球以及其他行星都一起围绕太阳做圆周运动，只有月亮环绕地球运行。

由于当时科学技术的限制，日心说很多的理论都无法被证明。

托勒密体系

公元 2 世纪，托勒密在其巨著《天文学大成》中，总结前人成就，提出了地心体系宇宙图景。

有什么方法能算出地球的年龄？

神们自己／文

如果你想知道一个人的年龄，你可以直接问他。如果你想要知道一件东西的年龄，可以去查它的制造商。但如果是一件文物、一具木乃伊、一块史前化石，我们又如何知道它的年龄呢？虽然它们不会说话，但别忘了，宇宙中存在着一种放之四海而皆准的时钟：**放射性原子**。

众所周知，一切物质都是由原子组成的，原子由原子核和电子组成，原子核由质子和中子组成。如果你去看化学家门捷列夫发明的元素周期表就会发现，元素周期表是按照质子数排列的。比如，1号元素氢含有1个质子，6号元素碳含有6个质子。

为什么元素的化学性质会有"周期"性？因为当质子数增加时，为了平衡电荷，电子数会相应增加，电子轨道的最外侧电子数出现了周期性的重复。比如，最左边那一列的锂和钠最外侧电子数都是一，它们都很活泼，扔进水里都能燃烧；而最右列的氦、氖、氩最外侧电子数都是8，它们都是**"惰性气体"**，几乎不会与任何元素发生化学反应。一个物质的化学性质，取决于带正电荷的质子和带负电荷的电子。

你怕不是惰性气体做的吧？

　　然而这一切都没有中子什么事。因为中子是"中性"的，它不带电荷。

　　不过，作为一名物理系同学，我可以告诉你，中子很重要，尤其是当考古学家想用它测年龄的时候。

　　普通的碳元素，原子核里有6个质子和6个中子。普通的氮元素，原子核里有7个质子和7个中子。当太阳发出的高能中子流轰击地球时，有一定的概率，会把空气中的氮元素中的1个质子替换为1个中子。这样氮原子核就变成了6个质子加8个中子。

因为物质的化学性质完全取决于质子和电子，所以这个有 6 个质子和 8 个中子的原子在发生化学反应的时候，和普通的碳元素没什么两样。普通碳元素的原子核里有 12 个核子（6 个质子加 6 个中子），叫作碳 12。而含 6 个质子加 8 个中子的原子核内有 14 个核子，叫作碳 14。它就像"卧底"一样，潜伏在普通的碳元素中，发生着相同的化学反应。碳 14 先在空气中形成二氧化碳，然后被植物用光合作用合成碳水化合物，最后被动物吃掉。如果你咬一口用碳 14 小麦蒸出来的碳 14 馒头，也丝毫不会感觉味道有什么不同。

既然如此，我们为什么不把碳 14 当作另一种碳元素，和普通的碳 12 一视同仁呢？因为碳 14 那多出来的 2 个中子毕竟还是不太安分，它们是放射性元素，衰变时会放射出 β 射线，衰变成氮元素。不过，假如你真的吃了一口碳 14 馒头，也不会有事，因为碳 14 的衰变速度很慢，**半衰期**长达 5730 年。也就是说，100 个碳 14 原子，要等 5730 年，才有 50 个会发生衰变。但你身体新陈代谢的速度却很快，你吃的碳 14 馒头会被身体排出，每 6 个小时，体内碳 14 浓度下降一半。

其实，生活中人吃的东西里含有碳 14，人排出的代谢物里也含有碳 14。所以，当碳 14 每天在人体里进进出出的时候，它在体内的含量应该和环境含量相同。但是，当一个人死后，他的身体不再补充碳 14，也不会排出碳 14，碳 14 会在他的体内按固定的速度逐渐衰变，碳 14 含量会越来越少。所以，测定一个人体内碳 14 的含量，再和环境含量对比一下，就能算出他死了多少年。

碳含量……已去世……

举个例子：假设自然环境中，1 公斤物质含有 100 个碳 14 原子。现在考古学家发现了一块 1 公斤的人体骨头，检测到里面只有 50 个碳 14 原子。这就意味着，5730 年前，当这个人活着的时候，他骨头里的碳 14 原子有 100 个左右。经过 5730 年，原子衰变了一半，剩下 50 个。所以我们知道，这块骨头的主人已经死了 5730 年，误差在三四十年。

碳 14 测年法已经成为考古学的基本操作。每当打开一个墓穴，考古学家就会立刻把骨头送到实验室去测年龄。不光是骨头，木材、纺织品、灰烬都可以测，因为它们都是由植物制成，都含有大量的碳。

不过，这个方法并不是万能的。如果年代太久远，残留的那点碳 14 都衰变没了，就没法测了。一般来说，这个时间上限是 43,500 年。如果要测的东西里根本不含碳元素，也没法测。如果我们想知道地球的年龄，就不能用碳 14 测。因为当地球刚形成的时候，还没有生物存在，地上只有石头。

就算那时候的石头里没有碳，但可能含有铀。天然铀主要含两种同位素，铀235和铀238。它们都是放射性物质，会衰变成铅207和铅206。如果一块石头刚形成的时候只有铀没有铅，过了n年后，一部分铀衰变成了铅，那么，我们只要测定这块石头现在铀和铅的含量比例，就能反推出n是多少，这个方法和碳14测的方法如出一辙。而且，铀的半衰期比碳长得多：铀235的半衰期是7亿年，铀238是45亿年。就算这块石头有几十亿年，甚至上百亿年的高龄，也能准确测出它的年龄！

好消息是，这种刚形成时只有铀没有铅的石头天然存在，它就是锆石。只要我们把地球上所有锆石的年龄全部测一遍，看最老的那块石头是几岁，就能知道地球有几岁。

等等——不对吧？

首先，我们不可能真的把所有石头都测一遍；其次，就算全测一遍，最古老的石头也不等于地球的年龄。比如，现在发现的最古老的锆石是44亿年，但这只能说明地球的年龄大于或等于44亿年，不能说地球的年龄就是44亿年，因为谁也不知道这块石头是不是地球诞生时形成的。

另外，有没有一种可能，地球上所有的锆石都不是在地球刚诞生时形成的？如果是这样的话，无论我们测多少块石头，都永远不可能知道地球的准确年龄！

要想知道地球的年龄，关键在于，找到一块与地球同寿的石头。

而地球年龄在 44 亿年以上，在这么长的时间里，在无数次岩浆活动、板块运动、地震、火山、海啸等地质运动之后，那块和地球同时诞生的石头还会存在吗？即使存在，我们又怎么可能找到它呢？

令人惊讶的是，这块石头真的存在，而且真的有人找到了它。

这块石头就是陨石。

我对你的爱，直到天荒地老、沧海桑田……

据我了解，能办到的只有陨石。

在太阳系中，包括地球在内的八大行星以及小行星都是在同一时期形成的。小行星上的石头和地球同龄，而且没有被地质运动摧毁。在引力的扰动下，有的小行星砸到了地球上，变成了陨石。陨石的形成与地球不同，铀、钍等放射性物质很难进入陨石的矿物质晶格。陨石中几乎不含铀，只含无放射性的铅。所以，陨石中的铅含量，就是地球诞生时的初始铅含量。

5 万年前，一颗 30 吨重的铁陨石砸到了亚利桑那州的恶魔峡谷。20 世纪 50 年代，年轻的地质学家克莱尔·帕特森研究这块陨石的样本时发现，地球上的铅含量比陨石高。为什么？因为地球上有一部分铀衰变成了铅。根据两者的含量对比，以及铀的半衰期，帕特森第一次估算出了地球年龄的大概范围：41亿年—46亿年之间。

铀235和铀238的半衰期是不同的，可以用两种半衰期分别计算地球年龄。交叉对比之后，1956年，帕特森终于锁定了地球的准确年龄：45.5亿年，误差在上下0.7亿年之内。

测算地球年龄的故事结束了，但帕特森的传奇故事才刚刚开始。

他发现，现在地球上的铅含量，不仅比几十亿年前高，而且比几十年前都要高得多！帕特森测量了海底沉积物、南极冰芯，甚至还有埃及木乃伊。和这些来自古代的证据对比，现代世界的铅含量简直高得离谱。当时人体内含的铅，是古人的上千倍，已经到了中毒的水平。

这么多铅是从哪儿来的呢？帕特森终于发现，这些严重超标的铅，并不是放射性物质衰变自然形成的，而是因为汽油里添加的四乙基铅。1922年以来，世界各国开始将四乙基铅用作汽油添加剂，来提高发动机性能。引擎轰鸣，汽油燃烧，铅随着尾气排放到大气中，悄无声息地毒害着世界上的每一个角落、每一个人。铅中毒会导致心脏病、中风和癌症，尤其会影响儿童的大脑发育，导致智力下降。

铅是从汽油里来的，但是帕特森的研究资金也是石油巨头赞助的。帕特森做出了一个改变人类命运的决定：他以一人之力挑战整个石油工业资本；他四处奔走，大声疾呼，向全世界证明，我们已经处在铅中毒的危机中。帕特森和石油巨头斗了整整20年，到了90年代，含铅汽油终于被法律禁止。无铅汽油普及后，短短几年内，人体血液中的铅含量降低了75%。甚至有研究表明，美国学龄前儿童的平均智商也因此提高了。

我们为什么能知道地球的年龄？

因为无言的宇宙，用物理和数学的方式，始终如一地向我们诉说着一件事——真相。

大自然永远不会向谎言低头，正如帕特森所做的那样。

希望你也是如此。

知识加油站

放射性

指元素从不稳定的原子核自发地放出射线（如 α 射线、β 射线、γ 射线等），衰变形成稳定的元素而停止放射（衰变产物）的现象。原子序数在 83（铋）或以上的元素都具有放射性，但某些原子序数小于 83 的元素（如锝）也具有放射性。

原子

指化学反应中不可再分的基本微粒。原子在化学反应中不可分割，但在物理状态中可以分割。原子由原子核和绕核运动的电子组成。原子核由带正电荷的质子和电中性的中子组成。

惰性气体

　　元素周期表上所有0族元素对应的气体单质，被称为惰性气体。在常温常压下，它们都是无色无味的单原子气体，很难进行化学反应。惰性气体共有7种，氦气（He）、氖气（Ne）、氩气（Ar）、氪气（Kr）、氙气（Xe）、氡气（Rn，放射性）、𫟷（Og，放射性，人造元素）。

半衰期

　　在物理学中，它的定义为：放射性元素的原子核有半数发生衰变所需的时间。衰变是微观世界里的原子核的行为，而微观世界规律的特征之一在于"单个的微观事件是无法预测的"，即对于一个特定的原子，我们只知道它发生衰变的概率，而不知道它将何时发生衰变。然而，量子理论可以对大量原子核的行为做出统计预测。而放射性元素的半衰期，描述的就是这样的统计规律。

喝一杯1万米水深处的海水，人会怎么样？

神们自己 / 文

在我们的日常生活中，海水并不能喝，我们需要从湖泊、河流和地下水中获取淡水。

但是，如果我们尝试喝一杯来自地球深海的海水，例如**马里亚纳海沟** 1 万米水深处的海水，会发生什么事呢？

地球上 71% 的面积被水覆盖，其中海洋占了绝大部分。海洋深度不一，但大部分**海床**的平均深度接近 4 千米。我们知道，全球 6 条超过 1 万米深的海沟都位于太平洋，包括马里亚纳海沟、汤加海沟、日本海沟、千岛海沟、菲律宾海沟和克马德克海沟。这些深海海沟都位于地球上的**板块边界**，它们是由板块俯冲过程中地壳下沉所形成的。

其中最有名、也是最深的当数马里亚纳海沟，它最深处达到11034 米。这里的环境极为恶劣，压力巨大，光线无法穿透，水温极低，但仍然存在着生命。

这里我们假设，已从马里亚纳海沟最深处取出来一杯海水，作为研究对象。

这辈子没来过这么危险的地方。

马里亚纳海沟的海水和普通海水的成分基本相同，都以盐分为主。不过，随着深度的增加，海水的含盐量会发生变化。在马里亚纳海沟底部，深海海水的含盐量达到了最高。这意味着，这杯海水的味道可能会比普通海水更咸。

尽管马里亚纳海沟的海水和普通海水在矿物质成分上相似，但这里还有一些特殊之处。马里亚纳海沟和其他深海地区一样，存在着热液喷口。热液喷口就像小型火山一样，喷射出高浓度的酸液，温度可达 300—400 摄氏度。热液喷口周围的海水即使温度降到常温，对人也有剧毒。

假设你在 1 万米深的热液喷口附近取一杯水，并将其冷却至常温。这时候，你会发现杯子壁上附着了各种沉淀物，有：块状硫化物、硅酸盐、磷酸盐、碳酸盐、氧化物以及蛋白石、硫酸盐和卤化物。杯子里的水溶液中汞、钡、铅等重金属的质量分数之和可能高达 0.8% 到 1.2%。人如果不幸喝到这样的海水，会有生命危险。

因此，如果你喝了一口 1 万米深处的海水，口感可能会是凉爽的，非常咸苦，与表层海水相差无几。

尽管海水的流动性强，但深海海水中可能还存在着人类尚未探寻到的病毒。这种概率虽然非常小，但并非完全不存在。为了安全和口感考虑，还是不要随意喝海水为好。

其实，我们并不需要去猜想这杯水会是怎么样。

因为，这杯水已经被取出来了。

迄今为止，至少有 3 个团队成功到达过马里亚纳海沟的底部，这里也被称为"挑战者深渊"。他们是：《阿凡达》的导演詹姆斯·卡梅隆；美国第一位在太空行走的女性宇航员、也是第一位同时拥有宇航员和海洋学家头衔的人——凯瑟琳·德怀尔·沙利文；中国奋斗者号，2020 年在马里亚纳海沟完成 13 次下潜，其中 8 次突破了万米深度的纪录。

不过，还没有人敢喝马里亚纳海沟的水。

除了口感和安全问题外，喝下这样一杯深海水还可能带来其他风险。根据沙利文团队研究报告的数据，这杯海水的 TDS（Total Dissolved Solids，总溶解固体）浓度约为 34690mg/L，接近海水的平均浓度 35000mg/L，是一般饮用水 TDS 浓度的 300 倍。喝下这样浓度的海水，人体肾脏很难代谢，容易出现脱水现象。

另外，马里亚纳海沟海水含有大量微生物，是 6000 米深的海水的 2 倍。报告中用了这样一个词来形容："营养丰富"。除了微生物，还富含真菌，真菌包括孢子虫、念珠菌、马拉色菌和隐球菌等。这些微生物和真菌在进入人体后可能引发感染，对健康造成威胁。

此外，深海海水中的重金属元素如锰、钴、镍等含量较高，还有一些由岩浆为主要来源的硫等元素。这些元素在人体内积累过多，可能导致重金属中毒，喝多了真的会有生命危险。

所以，一杯真实的 1 万米深的水，看上去混浊、冰冷，和普通海水一样又咸又涩，很可能还有毒。不过，这杯水里面并没有什么神奇的东西。

引起关注的 1 万米深海水研究报告

一个深潜马里亚纳海沟 1 万米的研究任务的总成本可能达到几千万，甚至上亿。这还不包括为特定项目定制的设备或技术。

科学家花费这么大力气研究深海海水，当然不是为了喝，而是为了研究它的科学价值。

深海，是地球上最大、最未被探索的生态系统之一，对科学家来说，研究深海环境有助于揭示地球上生命的多样性、适应性和**生物圈**的复杂性。

比如说，深海水体包含了丰富的微生物**生物群落**，这些生物在高压、低温和极度黑暗的环境中生存。研究这些生物有助于我们了解生命如何适应极端环境，帮助科学家探讨深海生物的适应机制和演化过程。这可能为制药、生物技术和材料科学等领域提供潜在的新知识和应用。

深海水体在地球的生物、化学循环中起着关键作用。通过研究深海水体中的溶解物质，科学家们可以揭示地球系统的化学变化以及这些变化对全球气候和生物圈的影响。

此外，深海热液喷口是地球表面与地壳之间能量和物质交换的关键区域。研究喷口附近的水体有助于人们了解地球内部的过程，以及这些过程如何影响海洋环境、生态系统和全球气候。

而且，深海水体中含有潜在的矿产资源，如锰结核、硫化物矿床和稀土元素。了解深海水体的化学成分和物质分布，有助于评估这些矿物的潜在价值和开发可行性。

一杯来自 1 万米深渊的海水，其中蕴含的科学意义，将有助于我们更好地了解地球上的生命、地球系统的运作，以及人类如何与这个星球共存。

马里亚纳海沟

位于菲律宾东北、马里亚纳群岛附近的太平洋底。全长 2550 千米，为弧形，平均宽度 70 千米，是已知的海洋最深处。这里水压高、完全黑暗、温度低、含氧量低，且食物资源匮乏，因此成为地球上环境最恶劣的区域之一。据估计这条海沟已形成 6000 万年。

海床

即海的底部，也叫海底。是海洋板块构成的地壳表面，对陆地形态的演变及地质史有重要影响。

板块边界

是指不同板块之间的结合部位，表现为持续活动的火山带和地震带，是全球地质作用最为活跃的地区。

TDS

指总溶解固体，又称溶解性固体总量。它表明 1 升水中溶有多少毫克溶解性固体。TDS 值越高，表示水中含有的溶解物越多。

生物圈

指地球上凡是出现并感受到生命活动影响的地区。它也是人类诞生和生存的空间，是地球上最大的生态系统。包括大气圈的底部、水圈全部、岩石圈上部。

生物群落

指相同时间聚集在同一区域或环境内各种生物种群的集合。虽由植物、动物和微生物等各种生物有机体构成，但仍是一个具有一定成分和外貌比较一致的组合体。

如果地球上的氧气，突然增加一倍，会发生怎样的变化？

神们自己／文

真爽。

现在地球上的氧气含量是 21%。假如在另一个平行宇宙，地球的氧气含量瞬间翻倍，变成了 42%，会怎么样呢？

我一边贪婪地呼吸着香甜的空气，一边猛踩油门。今天这车有点怪，经济适用车型竟然开出了跑车的感觉。也是啊，汽车的动力来源就是燃料和氧气的燃烧，空气含氧量翻倍，动力直接翻倍啊！还要啥涡轮增压？

不过，连续吸了几十口高氧空气之后，我开始有一种飘飘欲仙的感觉：眼冒金星，头昏脑涨，脸皮发麻。这难道就是传说中的"醉氧"？等等，那我现在算不算酒驾？

道路千万条，安全第一条。当全世界的人们都在道路上行进的时候，似乎没有人注意到，一些微妙的事情正在发生。

人体每时每刻都在发生**氧化反应**。汽油在发动机里和氧气混合，剧烈燃烧，产生能量，这是氧化反应。你吃的饭在肚子里分解成葡萄糖、脂肪和蛋白质，这些营养物质被运输到身体各个组织和器官，与氧气反应，产生二氧化碳、水和能量，这也是氧化反应——不见明火的氧化反应。

好消息是，含氧量越高，车的动力越强，人体的新陈代谢速度也越快。坏消息是，你的新陈代谢速度越快，衰老速度也相应加快。比如说，高氧浓度会诱发视网膜病变，严重的会导致视网膜脱落。含氧量高了，铁皮生锈的速度会加快。车上的零件磨损了还能换，人身上的零件坏了，可就无力回天了……

在神清气爽了一小段时间之后，紧随而来的是医院的人满为患。

不对——在人出问题之前，也许更早出问题的，是植物。

植物在白天通过光合作用，将二氧化碳和水合成糖类、淀粉等有机物质，在晚上通过呼吸作用，消耗一部分有机物质，释放能量维持自身的生命活动。光合作用的产物是氧气，如果环境中氧气过高，会抑制光合作用，导致植物的生长发育减缓。呼吸作用消耗氧气产生能量，如果氧气浓度过高，呼吸作用加快，会导致植物在晚上消耗太多的有机物质。

植物是地球上天然的"能量工厂"。它们白天吸收能量（太阳能），晚上消耗能量，但吸收的能量比消耗的能量多，两者之差就是"剩余价值"，转换成各种好吃的有机物质存储在植物体内。如果植物白天吸收能量少了，晚上消耗能量多了，动物界（包括人类）能榨取的"剩余价值"也就少了。换句话说就是，你没饭吃了。

实际上，如果氧气含量暴增到42%，植物不仅仅是长不好的问题，甚至有可能无法繁衍下一代。实验表明，在40%—60%氧浓度下培育的水稻幼苗，生长发育明显受到抑制。而纯氧培育的水稻幼苗，第7天就会死。在富氧环境下，水稻幼苗的根比芽更容易受到损害，富氧培养的幼苗不生侧根，而且主根氧气中毒很快就会褐变，就像切开的苹果不吃会变黄那样。富氧环境下的幼苗出现了DNA损伤、线粒体结构破坏、细胞原生质膜受损、蛋白质合成受阻等各种问题，很多损伤是不可逆转的。如果水稻幼苗在富氧环境下仅仅暴露2天，然后放到正常空气中，还有可能缓慢地恢复生长。如果在富氧环境下暴露

3—4 天，即使放回到正常空气中，也无法恢复生长。

如果大气中的含氧量缓慢上升，植物说不定还有逐渐适应、进化的机会。但在这个假设下，地球氧气含量是瞬间翻倍的。我不清楚会有多少种植物灭绝，但我敢肯定，很多植物会变成最后一代。

植物是**生态系统**中的主要生产者，它们通过光合作用将阳光和二氧化碳转化为有机物质，进而支持整个**食物链**的运转。如果植物数量大量减少，将会对食物链产生重大影响，导致其他生物无法获得足够的食物，从而引发生态系统的崩溃。大量的植物灭绝后，动物也难以独善其身。全球生态系统大洗牌就会开始发生。

在这个"天下大乱"的新时代，也许只有蕨类植物和昆虫不仅不慌，反而还暗自狂喜。因为在 3 亿年前的石炭纪，地球大气的含氧量达到峰值 35%。当时蕨类植物统治地球，形成了大规模的森林，甚至可以长到 30 多米高。现在这些死去 3 亿年的植物被深埋在地底，在压力和高温下形成了煤炭。

而昆虫也觉得，好日子又回来了。昆虫主要是用身体两侧的气孔呼吸的，吸入的空气经过微器官到达全身。这种呼吸系统在短距离上甚至比哺乳动物的肺更有效，但如果昆虫的体形增大，气孔呼吸方式将不足以支撑昆虫的新陈代谢。唯一的方法是提高空气中的含氧量。所以石炭纪的昆虫堪称巨大，天空中飞翔着翼展 75 厘米的巨脉蜻蜓和 40 厘米长的远古巨蚊，和鸟差不多大；陆地上爬行的节胸马陆体长可达 2.6 米，宽 0.5 米，比趴在地上的巨人还要大。然而在泥炭纪之后，地球气候剧变，含氧量一路下降，巨型昆虫的时代从此一去不复返了。今天，这些巨型昆虫的后代长得弱小可怜，只能躲在石头缝里苟且偷生。

不过，昆虫想重新变大，也不是说变就变的，起码也需要经过一段时间的进化。在巨型昆虫统治地球以前，人如果要呼吸正常的空气，还可以自备空气罐，但动植物却不可能。要想让整个生态系统恢复正常，要想让我们赖以生存的粮食茁壮成长，全人类只能搬家，搬到一个氧气水平正常的地方去。

万幸的是，这样的地方是存在的。海拔越高，大气压和含氧量越低。所以在高原上，人体组织会缺氧，引起高原反应。4000—5000 米海拔的高原，含氧量差不多是海平面的一半。在氧气翻倍的世界里，这恰恰是含氧量恢复正常的风水宝地！

地球上的高原不少，但是 4000 米以上的高原不多，能容纳上亿人口的高原就更少了。

也许你会说，地球上不是氧气太多吗？烧掉不就行了？

放心，哪怕你不烧，地球也会帮你动手。大气含氧量超过 35% 就极易自燃，地球上随时随地都会发生火灾。在含氧量高达 35% 的石炭纪，一道闪电就能引发一场森林大火，这也是石炭纪含氧量无法继续升高的原因之一。而在含氧量是 42% 的世界里，森林里到处都是山火，燃烧几个月都停不下来，煤矿、白磷矿自燃，一片火海。

虽然燃烧可以降低含氧量，但是从物理学的角度，氧原子并没有减少，它只是和碳原子组成了二氧化碳分子而已。不严谨地说，烧掉多少氧气，就会增加多少二氧化碳。根据最新的气候模型 CESM2 预测，二氧化碳浓度每增加一倍，全球气温将升高 5.3 摄氏度——这就是困扰 21 世纪人类的**温室效应**。2022 年的全球平均气温是 14.76 摄氏度，而二氧化碳浓度"只有"万分之三。如果二氧化碳浓度升高到千分之五，全球平均气温将超过 35 摄氏度。这会导致地球上所有的冰融化，海平面上升 60 米。如果你那时没有在青藏高原上，你将每天过着"水深火热"的生活。

如果二氧化碳浓度升高到 10%，含氧量大概会恢复到**泥盆纪**的水平，地球生态圈有可能重新建立平衡，天气热了些、陆地少了些、虫子大了些。

但那时人类肯定没了。空气中 10% 的二氧化碳，会让所有人中毒而亡。

有人说，会不会有极少数人通过基因突变适应了环境。他们活了下来，进化成了新人类，重建文明。

也许几百万年后，一个年轻的新人类上网时突发奇想，在平行宇宙版的互联网上提问：

"如果地球上的氧气突然减少一半，会发生怎样的变化？"

知识加油站

氧化反应

狭义的氧化反应是指物质与氧化合。广义上说，失电子为氧化反应，得电子为还原反应。有机物反应时把有机物引入氧或脱去氢的作用叫氧化，引入氢或失去氧的作用叫还原。

生态系统

指在自然界的一定空间内，生物与环境构成的统一整体，在这个统一整体中，生物与环境之间相互影响、相互制约，并在一定时期内处于相对稳定的动态平衡状态。

食物链

生态学术语。它是指生态系统中各种动植物和微生物之间由于摄食关系而形成的一种联系，因为这种联系就像链条一样，一环扣一环，所以被称为食物链。

温室效应

又称"花房效应"，是大气效应的俗称。大气能使太阳短波辐射到达地面，但地表受热后向外放出的大量长波热辐射线却被底层大气吸收，这样就使地表与底层大气温度升高。因其作用类似于栽培农作物的温室，故名温室效应。

泥盆纪

指地质时期古生代中的第四个纪，属于显生宙古生代，即看得见生物的年代。泥盆纪晚期，两栖动物出现。

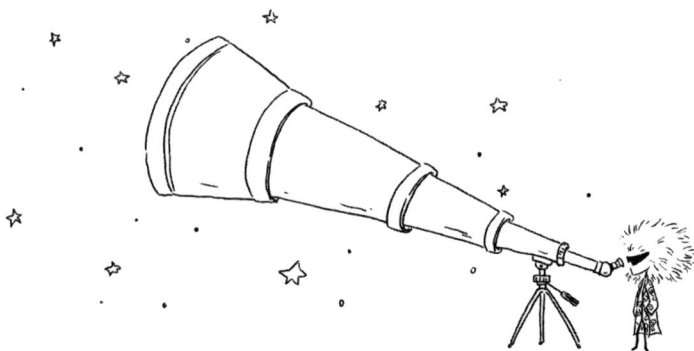

如果地球上的海水变成淡水地球会怎样？

牛正蓝 / 文

谁能想到，这种大离谱事件，其实曾经发生过。

在海洋诞生之初，海水极有可能就是盐度不高的淡水。有学者认为，现在海水之所以咸，是由于河流不舍昼夜地将陆地上的岩石土壤中的矿物质溶解，并不断搬运到海洋中累积的结果。

我们可以把全球的海洋想象为一个被陆地环绕的大湖，所有的河都会把盐带到这个大湖里面。但随着海水不断蒸发，大部分的盐还是被滞留在海里，越积越多。

地质历史时期，虽然海水的盐度也在不断变化，但在一定时间内也能保持动态平衡。海洋可以通过**波浪**

运动和盐层沉积等方式排盐，也会通过**地表径流**、火山活动和深海热泉活动等形式增盐。这两种效果相反的作用达到动态平衡状态，导致海水盐度的变化不会太快。

如果海水突变为淡水，首先容易想到的是世界上很多国家和地区不会再缺水。新加坡等小岛国虽然被海水环绕，但由于国土面积狭小，境内几乎没有河湖，一般被认为是水资源短缺的国家。现在它"摇身一变"，成为"海水变淡"的最大直接获益者。沿海地区将有源源不断的淡水供应，环境承载力增加；内陆地区依然缺水，但短时间内影响不大。

沿海滩涂和河口很多，适应海水环境或者半海水环境的群落逐渐发生演替，比如河口的翅碱蓬等植物可能会被芦苇等淡水植物取代。

对沿海居民来说，也不用再那么担心沿海地区的海水倒灌和地下海水入侵现象，毕竟倒灌、入侵的也都是淡水。

海水腐蚀作用消失，海上钻井平台、跨海大桥、风力发电设备的建设成本、维护成本随之下降。

随着水体浮力的变化，海洋船只的吃水会更深。不过这些都是小事情，海水中的密度流消失，可能会影响鱼类的生存，进而引发一系列不可预知的**蝴蝶效应**。

也许你会说，盐啊！你怎么不提盐呢？盐肯定会变成稀缺资源吧？

我的回答是：对，又不对。

盐会在一定程度上变贵，这是由于供需市场在一定时间内发生了变化，但不至于完全没盐吃、没盐用。因为工业盐和食盐的原料——原盐，其主要来源是陆地上的盐井、盐矿和盐湖，虽然也有一部分来自海洋，但并不是主要部分。所有的海盐场被迫关门，盐业从业者只能转战盐湖、盐矿，大力开采开发，在一段时间之后，盐的供需会达到新的平衡。

海边盐场生意毁了，那渔场呢？

当然也没了。

海水变淡水这件事本身，就足以杀死绝大多数的海洋生物。很多海水鱼类本身的**细胞**代谢早已经适应了海水的**渗透压**。海水一旦变淡，海水鱼的代谢平衡就会被打破——它们在不断地向外排水排盐，但是从淡水中得不到盐分补充。于是，就不断地吸入淡水，最终导致身体膨胀直到死亡。在经历生物大灭绝之后，海洋中的"适应王者"与淡水生物会占领海洋，重新构建新的生态平衡。那些不吃海鲜会难受的人，还是改改自己的口味吧……

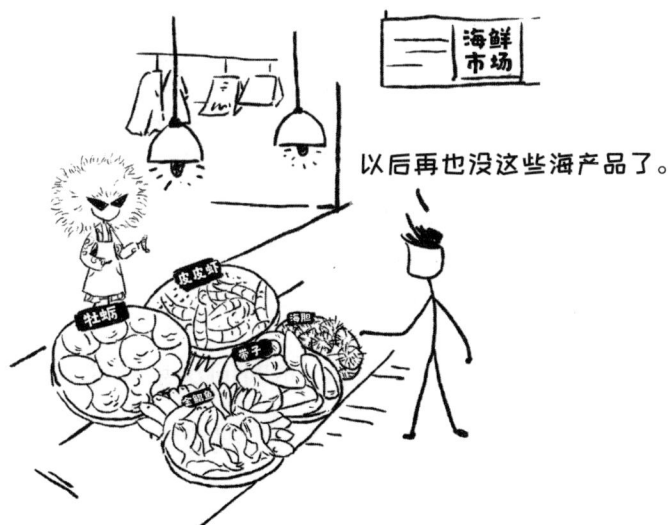

以后再也没这些海产品了。

还有一点不得不提，15℃时，淡水的**比热**约为 1cal /（g·℃），而海水的比热约为 0.9cal /（g·℃），可见海水的比热是小于淡水的。也就是说，要让同样质量的海水和淡水升高相同的温度，海水需要吸收的热量会少一些。所以，海水变淡水之后，水温变化会不显著。它会使得海陆之间热力性质的差异变大，其结果就是世界上所有的**季风**区季风现象会更显著，东亚夏季湿热和冬季干冷会更加明显。

那么会不会有全球的变化呢？

咸水冰点比淡水小，也就是说，0℃以下淡水就能结冰，但咸水需要再冷得多才能结冰，因为盐度越高，冰点越低。这样会导致变淡的海水在结冰这件事儿上变得更加容易。高纬度地区海冰增多，北冰洋航线通航情况变差。

极冰增多不是一件小事情。冰面的反射率很高，会反射更多的太阳辐射，这样一来，地球会流失热量，温度下降，导致极冰进一步增多。

这样循环下去，地球将再一次进入极寒的冰河世纪，这对包括人类在内的绝大多数生物来说，绝对称得上是一次灾难。

这可远比没有海产品吃要恐怖得多！

这个世界的复杂程度可能远超我们的想象，以上的假设也仅仅是假设。

还有一种可能性是，海水成为淡水之后，源源不断的海洋淡水供应，让人们从河流引水使用的需求降低。所以，随径流输入海洋的盐分会比以前多得多，全球海洋的盐度可能还会不断升高。只要盐度升高的速率追得上气温降低的速率，倒也不是天无绝人之路。

知识加油站

地质历史时期

指第四纪全新世（距今约 11700 年）以前的各个地质时期。

波浪运动

指由于风吹刮水面产生的摩擦力和不均匀压力，使水体的表面（如海水面、湖水面等）出现周期性的波动（起伏）。

地表径流

指大气降水落到地面后，一部分蒸发变成水蒸气返回大气，一部分下渗到土壤成为地下水，其余的水沿着斜坡形成漫流，通过冲沟、溪涧，注入河流，汇入海洋。这种水流称为地表径流。

蝴蝶效应

指在一个动力系统中，初始条件下微小的变化能带动整个系统的长期的巨大的连锁反应。

细胞

是生物体基本的结构和功能单位。除了病毒外，我们自然界已知的所有生物都是由细胞组成的，而病毒也必须在细胞中才能体现和存活。

细胞非常小，要在显微镜下才能看到。细胞主要由细胞核、细胞质、细胞膜、细胞壁等部分组成。

渗透压

指对于两侧水溶液浓度不同的半透膜，为了阻止水从低浓度一侧渗透到高浓度一侧而在高浓度一侧施加的最小额外压强。

比热

单位质量物体改变单位温度时吸收或放出的热量。物质的比热容越大，相同质量和温度上升时，需要的热能越多。

季风

　　由于大陆和海洋在一年之中增热和冷却程度不同，在大陆和海洋之间大范围的、风向随季节有规律改变的风叫季风。

如果地球板块运动消失，会怎样？

牛正蓝 / 文

让我们先来看看，为什么地球会有板块运动？

板块相当于传送带上的物体，传送带运动，上面的物体自然得跟着动。地球上的传送带是啥呢？就是岩浆的发源地——上地幔中的**软流层**。

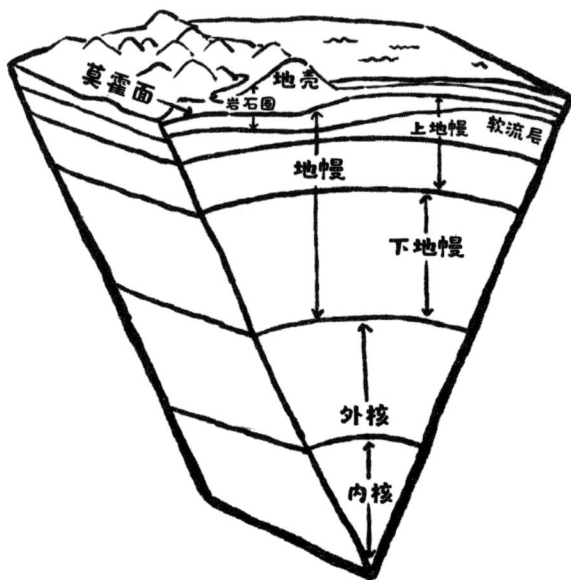

那软流层这个传送带为什么会动呢？因为我们的**地核**是个"大锅炉"。地球内部放射性物质不断衰变，从地核向外不断释放能量，加热地球，从而让地球变成一个"大火锅"，持续沸腾，上面浮着的事物随着"汤底"的沸腾而不断"漂移"。这些事物有的相互分离，有的相互碰撞，就如同**岩石圈**的板块一样。

彼此分离的板块之间，我们把它叫作生长边界；挤压碰撞的板块之间，叫作消亡边界。这个"大火锅"，一烧就是四十多亿年，板块运动的时间尺度也动辄上亿年。

而如果板块运动消失了，原因只有一个——"火锅"熄火了！

地球内部放射性物质衰变停止，软流层不再运动，传送带静止，上面的物体自然也就不动了。这不是一件好事！液态的外核不再沸腾，**地幔对流**消失，最直接的一个影响就是地球南北磁场的消失。这不仅会造成指南针无法指示，更重要的是，会使得原本被屏蔽掉的**太阳风**和**宇宙射线**极大增强，引发灾难性的物种大灭绝！

如果外核是逐渐熄火的，可能还会留给生物进化一些时间。对此，人类社会应该会紧急响应，如研发防护衣或防护罩，或者开发地下城，或试图太空移民等，绝地求生。但还是极有可能发生世界性的大动荡，到时候人类能否幸存，能有多少人幸存，都不好说。

而如果是瞬间熄火，人类和所有动植物只能一起毁灭了。

抛开人类不谈，如果板块运动消失，地球本身会变成什么样呢？

首先，岩石圈安静了！

岩石圈物质循环和能量流动暂停。消亡边界的造山运动消失，火山不再活动、地震不再发生。**海岸山脉**停止生长，青藏高原、喜马拉雅山、阿尔卑斯山和科迪勒拉山系都不再长高。缺乏了地热导致的**变质作用**，多数的矿脉将不再产生。生长边界**大洋中脊**的火山活动会停止，红海和大西洋不再扩张。地热资源无法开发，温泉变成"冷泉"。

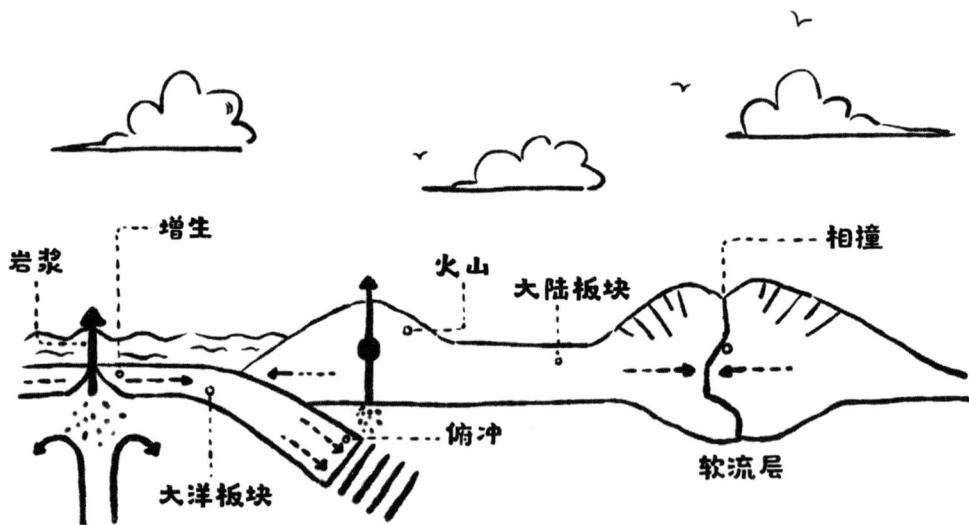

不只在板块边界，板块内部的构造运动也几乎停滞，褶皱、断层也不再继续发育。

地形地貌本来是由内外力共同塑造，现在，没有了内力作用的抬升俯冲，就只剩外力作用在削高填低。平原地区继续接受别处搬运过来的土壤，在其上部堆积，土层也会变得更加深厚，浅海不断被陆地填埋。

结果就是，在风吹雨淋下，经过千百万年的风化、侵蚀、搬运、沉积之后，地球表面被"盘"得相当圆润——高山高原变得越来越低平，平地和海底变得越来越高，整个地球会逐渐变为几乎没有起伏的大平原和浅海！

假设还有生物存在的话，只有那些适应浅水和平原环境的生物会被选择下来，高山生物、深海生物会大大减少，地球生态将会变得单调而乏味。

其次，**大气圈**也会逐渐发生变化。

火山全部变为"死山"，"封印"住几乎所有岩石圈中的碳、硫等物质，大气成分彻底改变。另外，大气中的二氧化碳会持续固化为碳酸钙或者溶解在海洋中，温室气体大量减少导致大气的保温作用减弱，昼夜温差增大，加上地球内部能量的释放总体在减少，地球持续降温，很可能变为一坨冰疙瘩！

地球上的气候缺少了地形起伏带来的变化，也会逐渐变得单调无趣。以亚欧大陆来看，如果缺少青藏高原的高原环流加持，季风强度会大大减弱。从局部地区来看，地形逐渐平坦，也就意味着没有了地形雨、焚风效应、干热河谷、高原高山气候、垂直地带性分异、泥石流、滑坡、水电站、高原山地旅游……人类（如果还存在的话）从此将会淡忘一切关于"山"的词汇。

最后，水圈也难逃厄运。随着地势落差逐渐减小，大气环流的减弱，水循环逐渐停息，河流不再奔腾，湖泊逐渐填平……如果那时还有人类，那时的人类还学地理，地理考点就真的少了好多好多。

当下的世界已经是大自然最好的安排。由于自然地理环境的整体性，板块运动消失，会造成全球各个圈层的根本性变化，最终很可能会导致地球彻底成为一颗死寂的星球。

知识加油站

软流层

又叫软流圈，位于上地幔上部岩石圈之下，深度在 80—400 千米之间，是一个基本上呈全球性分布的地内圈层。

地核

是地球的核心部分，位于地球的最内部。半径约有 3470 千米，主要由铁、镍元素组成，密度高，地核物质的平均密度大约为每立方厘米 10.7 克。温度非常高。

岩石圈

地球上部相对于软流层而言的坚硬的叫岩石圈层。厚约 60—120 千米，为地震高波速带。包括地壳的全部和上地幔的顶部。

地幔对流

软流层中的地幔物质由于热量增加，密度减小，体积膨胀，产生上升热流，上升的地幔物质遇到地壳底部向四周分流。随着温度下降,地幔物质密度增大,又沉降到地幔中,这一过程称为地幔对流。

太阳风

一种连续存在,来自太阳并以 200—800 千米/秒的速度运动的高速带电粒子流。这种物质虽然与地球上的空气不同,不是由气体的分子组成,而是由更简单的、比原子还小一个层次的基本粒子——质子和电子等组成,但它们流动时所产生的效应与空气流动十分相似,所以被称为太阳风。

宇宙射线

指来自外太空的带电高能次原子粒子(结构比原子更小的粒子,例如:电子、中子、质子、介子、夸克、胶子和光子)。

海岸山脉

专指北美洲太平洋岸的山脉。南自美国南部洛杉矶附近起,北到阿拉斯加的科迪亚克岛。

变质作用

指岩石基本上处于固体状态下,受到温度、压力及化学活动性流体的作用后,会发生矿物成分、化学成分、岩石结构与构造变化的地质过程。

大洋中脊

指贯穿世界四大洋、成因相同，特征相似的海底山脉系列。

大气圈

又称大气层，是地球最外部的气体圈层，包围着海洋和陆地，大气层的厚度在 1000 千米以上，但没有明显的界线。

如果地球是立方体的，且稳定存在，我们的生活会发生怎样的变化？

牛正蓝 / 文

假如存在一种屹立于宇宙科技树顶点的地外文明，恰好这些外星人的母星是个巨大的立方体行星，在他们的眼里，球形天体他们不能容忍。于是，他们使用令人匪夷所思的高科技，把我们的地球瞬间变成等体积等质量、可以稳定存在的立方体——一个棱长达 10,270 千米的地球，哦不，应该叫"地方"。那么，将会发生什么事情呢？

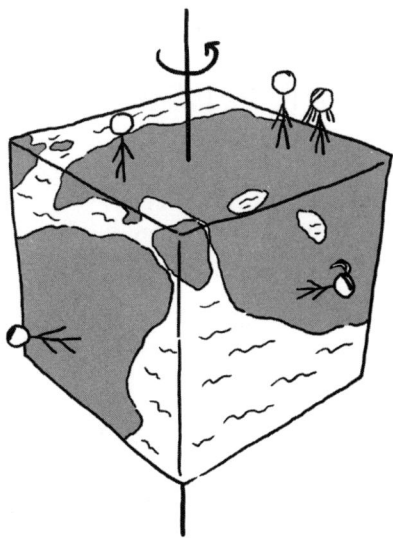

一板一眼、方方正正的外星人自然不能容忍地球"歪着头"公转，所以这个新"地方"，其自转轴垂直于两个平行面，并贯穿两面的正中心。

新"地方"会发生什么奇怪的事情呢？

1. 首先改变的是重力

之前地球的引力都垂直于球面的切线，地面各处引力相同。在新的立方体地球上，你所在的位置离地核——也就是引力中心的距离是不等的，**重垂线**与地面的夹角也在变化。如果恰好站在每个面的正中心，那可能和在原来的地球上感觉没有什么差异。但因为地表各处的重力方向都指向地核，所以，离每个面的中心越远，就越容易感受到"倾斜的引力"。

当你由某个平面的中心向边缘前进，你会感觉虽然地面看上去是广阔且平坦的，但却像在爬坡，你的身体会不知不觉向前倾斜；如果反方向由边缘跑向中心，你可要注意千万别摔到，那种感觉就像在倾斜45°的屋顶上往下走一样，一不留神就会一路滚向平面的中心，根本停不下来。

重垂线　　　　　　　　　　　　　重垂线

2. 每面都有"地中海"

既然身处如此平坦的大陆上，是不是每个人都能成为"千里眼"呢？可能并不是。当你望向每个面的中部时，视线很可能会被一个凸出的、犹如一个凸透镜的海平面所阻挡。

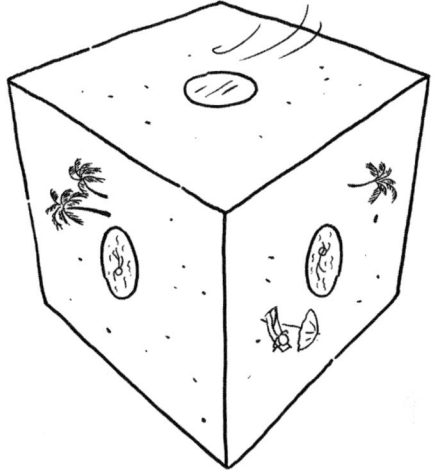

如果将地球上十四亿立方千米的水平分给六个面，由于重力，每个面上的水都会集中于中部，导致六个面都有基本等大的"地中海"。每个平面中心海洋的直径大约是 2000 千米，这大概是从北京到昆明的直线距离，约为立方体地球棱长的五分之一。

至于海的深度，要比之前地球的海洋深得多。之前地球的海洋占总面积的 71%，但在立方体地球上，由于重力的不均，海洋会集中在很小的区域，成为一个"球冠"（球面被平面所截后剩下的曲面）。所有的海洋只占地表总面积的 14.7%，这就导致海洋中心海水可能深达 100 千米。在高压低温的深海海底，海底的水极有可能会以固态的形式出现。

至于两个底面，**太阳高度**始终为 0°，气候极端寒冷，中间的海洋就是硕大无朋的冰体。

3.“碗状”大气盖下来

不仅是水，大气也一样会由于重力汇聚在中心周围，如同一个碗一样，反扣着盖在海上，越靠近地面，大气密度越大。如果我们认为宜居气压是 0.7—1 个大气压，那么，适合居住的区域最多只有离海岸线几十千米的环形地带。

这个环形地带气压适中，大气密度适宜，临海交通便利，加上“地中海”水体对气候的调节作用，昼夜温差较小，应该是立方体地球上最适合人类居住的区域。因环状宜居带只存在于四个侧面且面积较小，极有可能会成为诸多国家或地区的兵家必争之地。

如果从宜居带再向外围边缘前进，会感觉大气越来越稀薄，地面越来越倾斜。这样的话，在地球表面完全可以体会到在外太空的感觉，人类必须穿上宇航服，才能到达立方体星球的棱角。

4. 相对单一的气候

在之前的球形地球上，太阳辐射基本上自低纬向高纬递减，这是因为自低纬到高纬，太阳光线与地面夹角越来越小，经过的大气路径越来越长，大气对太阳辐射的削弱也就越来越明显。这就是纬度越高总体越冷的原因。

而在立方体地球上，太阳光以同样的角度照射每一个侧面的每一个点。只要是碗状大气罩住的宜居带，很可能跨越千里，气候变化却不显著。

那么每天的天气又将如何呢？

我们知道，由于黄赤交角的存在，导致原来的地球，除赤道以外的地区昼夜长短都在有规律地变化。但立方体地球将不是这样。如果地球自转周期不变的话，每个侧面上的每一个地点，都将是6点日出，18点日落。太阳高度由日出时的0°到正午的90°，再由90°降到日落时的0°。在这种情况下，中午会更热，昼夜温差也会更大。

再加上每个面中部的大气密度更大，中部的"地中海"在白天强烈升温，空气受热膨胀，大量蒸发，会形成每天午后准时的**对流雨**。上升的热空气到达大气顶端，冷却后会在环状宜居带形成下沉气流，再次沿着地面回到海洋中心。

因此，居住在宜居带的人们，每天下午，基本上都能感受到从陆地吹向海洋的陆风。

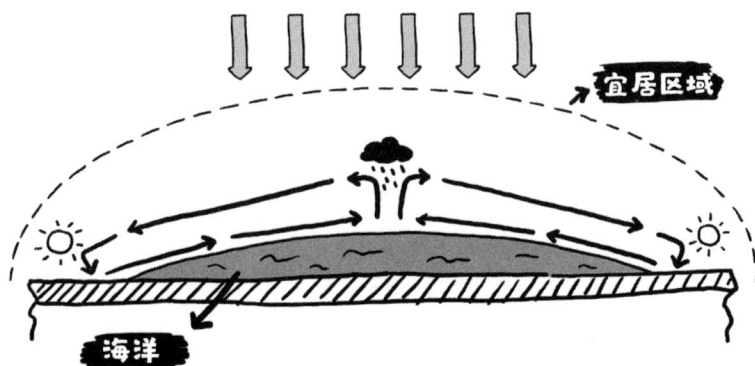

当然，在两个底面，将会是终日不见天日的极寒天气。立方体地球的南极和北极，只会比球形地球极地地区的环境更加险恶。

5. 一个球四个世界

假如地球突然变成立方体，估计没有人类或高等动植物能够幸存，但如果速度放缓，经过漫长的演化，立方体地球可能会进化出完全崭新的生态系统。

立方体地球的两极为极寒冰原，是非常不利于生物发展演化的。但在四个侧面的环状宜居带，由于有我们前面所说的"碗状大气"的存在，加上四周面积广大的真空，四个侧面将会形成四个独立的生物进化体系。

所有微小的进化上的差异，会随着时间的流逝，被无限放大，形成四个完全不同的生物圈。第一个平面上是由两栖动物主宰的世界，第二个平面上的动物可以进行光合作用，第三个平面诞生了"鱼人"统治下的海洋文明，第四个平面进化出了类似人类的高等生物……

重垂线

指物体重心与地球重心的连线。

太阳高度

也叫太阳高角度，指对太阳光入射地球上的某个地点的方向和地平面的夹角。它是决定地球表面获得太阳热能数量的最重要的因素。

对流雨

一般指对流性降水，当对流发展到一定程度时，云中的降水粒子已不能被上升气流所托持而降落形成的。这种对流性降水的特点是范围小、强度大、分布不均匀、持续时间短、随时间变化迅速。

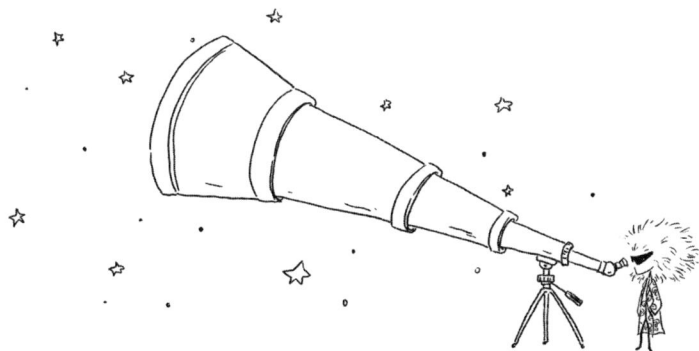

如果世界上没有氧气五秒钟，会发生什么？

早教老师皮特/文

A

这个问题的答案可能跟我们的想象有很大的区别，生活中我们会觉得五秒时间不算什么，我们随随便便就可以憋气五秒。但这件事要是真的发生了，对于人类一定是一场灾难。

最先遭殃的是正在天上飞的飞机，因为飞机飞行使用的燃料是航空汽油和航空煤油，这些燃料必须要有氧气才能工作。如果氧气消失，发动机就会停止工作，飞机失去动力。

同样的原因，你还会看到路面上停满了发动不起来的汽车。

倒塌的楼房

再这样下去，我赶不上飞机了。

嘀嘀

飞机不会起飞了。

上面说的是氧气消失，氧气是氧原子最常见的单质形式。我们不妨再大胆一点，设想一下要是没有氧原子会怎么样？

人类生活环境中绝大多数的建筑会瞬间倒塌。

我们现在的建筑大多是由混凝土建成，混凝土当中负责黏合的是水泥。水泥是一种在空气中和水中硬化后能防水的黏合剂，要是没有氧，混凝土就会失去黏合作用。

你眼前的高楼大厦都会在同一瞬间倒塌。

那氧气消失之后，除了呼吸，对我们人类本身还有没有其他威胁呢？

有的，首先是**紫外线**对我们皮肤的伤害。臭氧层是一层包裹在地球外侧的保护层，它可以吸收太阳光中的部分紫外线，犹如一顶保护伞，保护地球上的生物可以生存繁衍，免遭短波紫外线的伤害。

没有了氧元素，臭氧层就会消失，我们的皮肤将直接和紫外线接触。即使在有臭氧层的时候，我们也会在沙滩、沙漠或者其他开阔地带被太阳的紫外线直射，造成严重晒伤。更别提如果臭氧层完全消失，那时候不管是防晒伞还是防晒霜，恐怕都顶不住。

其次，我们的耳膜会爆炸。

大气中占 21% 的氧气突然消失时，会产生巨大的气压差，而人类对于气压最敏感的地方莫过于耳膜。我们在坐飞机时耳边传来的压迫感，甚至耳膜疼痛，其实就是因为气压的变化。

如果氧气突然消失，我们脆弱的耳膜很有可能被损坏，听力严重受损，甚至丧失听力。

事实上，上面的一切我们可能都不会经历。因为在**地壳**的组成成分中，大约有一半是氧，所以如果它消失了，地壳就会瞬间塌陷，那时候生活在陆地上的生物恐怕都危在旦夕了。

地球："是时候准备建立新文明了。"

紫外线

分为 UVA（波长 320 纳米—400 纳米）和 UVB（波长 280 纳米—320 纳米），UVA 射线会导致晒黑，UVB 射线能灼伤皮肤。

地壳

是地球最外面的一层外壳，由岩石组成。我们平时常说的"地面"其实就是地壳表面。地壳的厚度不是固定的，有些地方的地壳非常厚，例如青藏高原，厚度接近 70 千米。有些地方的地壳非常薄，例如大西洋中部海底山谷中，地壳只有 1.6 千米厚。

地壳中蕴含着许许多多的化学元素，最多的是氧；其次是硅、铝和铁。

吃一小勺黑洞，会如何？

Q

A

我非常理解"吃货"们的心情。

但我不得不遗憾地告诉"吃货"们，哪怕你们不顾个人安危，以冒死的心态去吃黑洞，你们的梦想也无法实现。因为，你们能放进嘴里的黑洞根本不可能存在，更别提吃下去了。

宇宙中自然存在的黑洞，是恒星在生命末期坍缩形成的。但是，并不是所有恒星都有资格变成黑洞。一颗恒星能不能变成黑洞，取决于它燃烧完后的质量。如果质量小于 1.4 倍的太阳质量，电子**简并压力**足以抵抗星体自身的引力，恒星的坍缩就会停止，最终会变成白矮星。

110

如果恒星质量是太阳质量的 1.4 到 3 倍，恒星引力更大，电子简并压力不足以支撑，会继续坍缩。但是，中子简并压力最终会把所有的压力扛下来，然后恒星变成比白矮星更小的中子星。

一颗恒星要变成黑洞是有门槛的，它的质量至少不能低于太阳的3 倍。比如美国俄亥俄州立大学的天文学家发现的"独角兽"，位于麒麟座，距离地球 1500 光年，质量是太阳的 3 倍。这已经是迄今为止能找到的最小的黑洞了。

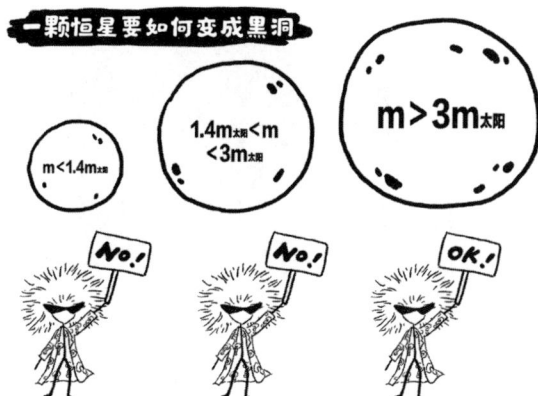

现在，你站在离这个 3 倍太阳质量的"小"黑洞面前，距离它 1 米，然后优雅地伸出小勺——等等，这是不可能的！在巨大的引力面前，你根本来不及站稳，就被黑洞吸进去了！

人体受到的引力，取决于两个因素：天体质量和你与它之间的距离。地球的质量很大，比人的质量大得多，但我们在生活中并不觉得引力特别大。强如 C 罗、詹姆斯，跳起来也只能离开地面 1 米左右，而我们普通人在地面上站立、走路也会没有问题。因为，地球的引力不大，生活在地表上的我们，和地球的质心相距了 6300 多千米——这个距离也就是地球的半径。

如果地球是一个半径 1 米的小球，而质量不变，我们和地球的质心相距 1 米，那么你受到的地球引力将增加 4×10^{13} 倍，因为引力和距离的平方成反比。太阳质量是地球的 33 万倍，而你想吃的小黑洞质量是太阳的 3 倍，所以，你在小黑洞面前 1 米所受到的引力，是地球重力的 4×10^{19} 倍。

地球表面的重力加速度大约是 10。也就是说，挂在树上的 1 个苹果（或者任何东西）从静止开始落地，第 1 秒会加速到 10 米 / 秒。而你在小黑洞面前，第 1 秒就能加速到 4×10^{20} 米 / 秒。事实上，这个速度是不可能达到的，因为它比光速大了 10^{12} 倍，而光速，是人类已知的这个宇宙信息和物质的速度上限。你会在瞬间加速到接近光速，然后被吸进黑洞。

从某种意义上说，你想吃黑洞，结果却是黑洞吃了你。实际上，如果你站在距离黑洞质心 1 米的地方，黑洞甚至都不需要吃了你，因为你已经在黑洞的"肚子"里了。

很多人以为，黑洞是个没有大小的**"奇点"**，但其实，黑洞是有大小的，它的大小叫作"事件视界"。在距离黑洞很远的地方是安全的，一旦距离太近，超过"事件视界"这个临界点，没有任何东西能够逃离黑洞，包括光。

根据施瓦西半径公式计算，这个 3 倍太阳质量的小黑洞的事件视界半径大约是 9 千米。因此，只要你站在这个半径以内，就身处在了黑洞内部。黑洞没有出口，无法逃离。巨大的引力扭曲了时空，时间和空间在这里倒转。在我们生活的"正常"宇宙时空里，我们可以在空间里自由移动，然而无论你做什么，都不可能改变时间的流逝。而在黑洞里则相反：无论你做什么，都不可能改变空间的流逝！也就是说，所有物体，包括光，都会无法抗拒地往一个方向移动，一齐走向黑洞中心的"奇点"。你想把黑洞放到你的肚子里，结果却是，你自己钻到了黑洞的"肚子"里。

那么，我们站在黑洞 9 千米外，安全地"挖一勺"，行不行呢？

当然也是不行的。

虽然你在黑洞外面，但你可能会被巨大的潮汐力撕碎。引力和距离的平方成反比，你身上每个部位到黑洞的距离不同，受到的引力也有大小差别，这就是"潮汐力"。当你向黑洞伸出小勺的时候，你的手指受到的引力，比你胳膊受到的引力更大。这点差别在地球上不算什么，但是对于黑洞这样的大质量天体，这个引力差足以把你扯成拉面。

你想把黑洞做成一道菜，结果却是，黑洞把你做成了一道菜。你不仅没有吃上一口黑洞，反而被黑洞吃了，出现这种局面，实在是很抱歉。归根结底，还是因为黑洞太大了。无论你多么身强体壮，在 3 个太阳质量的黑洞面前，终究还是招架不住。

有没有可能，我们找一些"身材娇小"的黑洞？

如果黑洞像一个布丁那么小，甚至比一粒米都小，是不是就可以一口把它吞了？

这么小的"微型黑洞"，在自然界里是不可能存在的。因为能变成黑洞的都是恒星，而恒星需要足够多的氢气、足够大的质量和引力，才能启动核聚变，开始燃烧。

但是假如，我是说假如，有人发明了某种黑科技，在实验室里造出了一个微型黑洞，结果会怎样？

终于有机会让你一饱口福了吗?

假设现在有一个质量只有 5 克的黑洞,和一勺布丁差不多重。它的质量太小,所以引力也不会对你有任何影响,事件视界半径也只有 10^{-28} 米。你完全可以优雅地走上前去,把这枚悬浮在半空中的迷你黑洞一口吃了——如果你动作够快的话。

根据理论物理学家史蒂芬·霍金的理论,黑洞不仅会吞噬物质,也会向外辐射能量。这就是用霍金的名字命名的"霍金辐射"。这种辐射是由于**量子效应**而产生的,一对**虚粒子**和**反粒子**在黑洞附近产生并分离,其中一个粒子被黑洞吞噬,另一个粒子则被释放到外部空间,导致黑洞逐渐失去能量和质量,最终会完全蒸发。

霍金辐射的过程非常缓慢,大质量黑洞需要数万亿年才能完全蒸发。然而,对于较小的黑洞,霍金辐射会导致它在极短的时间内蒸发殆尽。5 克的迷你黑洞会因为霍金辐射,在 10^{-23} 秒内蒸发掉,比肥皂泡破灭的速度还快。

但是,因为能量守恒定律,这个蒸发的黑洞不会消失殆尽。它的质量会完全变成能量,以电磁波辐射的形式释放出来,也就是光。根据爱因斯坦大名鼎鼎的质能转换公式 $E = mC^2$,5 克质量如果变成纯能量,是 4.5×10^{14} 焦耳,相当于好几个广岛原子弹的当量。当这个实验室里造出来的黑洞蒸发时,后果很严重。黑洞没了,实验室没了,连同想吃黑洞的你也没了。

你想把黑洞一口一口吃光,结果却是,黑洞和你,都变成了光。

这个悲伤的故事告诉我们一个道理：

珍惜生命，远离黑洞。

对于"吃货"的你，还得加上一条：

不是什么都能吃的。

知识加油站

简并压力

指有一些粒子（例如电子、中子、质子等）是有排他性的，它们不能占据空间中的同一个位置，是一种粒子间的相互排斥力。

奇点

是指宇宙大爆炸之前宇宙存在的一种形式。它具有一系列奇异的性质，无限大的物质密度、无限弯曲的时空和无限趋近于零的熵值等。

量子效应

根据量子理论的波粒二象性学说，微观实物粒子会像光波、水波一样，具有干涉、衍射等波动特征，形成物质波（或称德布罗意波）。但日常所见的宏观物体，虽然是由服从这种量子力学规律的微观粒子组成，但由于其空间尺度远远大于这些微观粒子的物质波长，微观粒子的量子特性由于统计平均的结果而被掩盖了。因此，在通常的条件下，宏观物体整体上并不出现量子效应。但在超低温等某些特殊条件下，由大量粒子组成的宏观系统呈现出了整体量子的现象被称为量子效应。

虚粒子

指在量子力学中确实存在并具有可测量效应的粒子。

反粒子

所有的粒子，都有与其质量、寿命、自旋、同位旋相同，但电荷、重子数、轻子数、奇异数等性质相反的粒子存在，称为该种粒子的反粒子。

吃一大勺嫦娥五号带回来的月壤，会如何？

太空僧 / 文

这个问题的关键还是看你吃的是月岩还是月尘。如果是月岩，和吃块玻璃碴的感受差不多。

由于没有普通意义上的风化作用，月球上的小石头会相当锋利。月岩表面的粉末如果吃下去，会粘在胃壁上，导致慢性胃溃疡，而体积略大一点的月壤如果吃下去，会刺激胃肠道黏膜，让人感到胃痛。

而月尘看上去比月岩更容易吃下去，但灰色的月尘要比月岩锋利得多。它主要是由微陨石撞击月岩并粉碎成细颗粒而形成的。它比剃须刀片还锋利，甚至能割破阿波罗17号登月宇航员靴子的表面三层织物，那可是由做防弹衣和装甲的纤维制成的。

来自月球的朋友

开门啊，地球的伙伴们，我给你们带来了我们家乡的土壤。

感谢你的好意，放在门口就可以了！

　　吞食月尘除了会产生比吃月岩更严重的内出血以外，月尘中含有的铁屑也会让人面临更大的伤害。

　　首先人会得一种被称为"月球花粉症"的病。"月球花粉症"一词是 1972 年由阿波罗 17 号宇航员哈里森·施密特创造的，用来描述他在指挥舱吸入被宇航服带进来的月球尘埃时狂流眼泪、狂打喷嚏和咳嗽的样子，就像是在地球上的花粉过敏症。

　　这还不是最严重的。月尘中含有的铁粉很可能会通过呼吸进入肺泡然后进入血液。初步研究表明，吸入粉尘可能造成包括铁中毒在内的一系列病症。NASA 有个叫"月球尘埃毒性咨询小组"的组织，就是专门研究月尘对呼吸系统的影响的。根据研究，吸入月尘会产生上吐下泻和呕血、便血等症状，大量吸食甚至还会引发低血压甚至休克。

美国石溪大学的科学家曾将小鼠肺细胞暴露于月球土壤模拟环境中，结果发现，多达 90% 的细胞被摧毁，并产生类似尘肺病患者的症状。科学家猜测，长期暴露在月尘中，会造成肺组织弥漫性纤维化等病症——前提是还没有因为内出血死亡。

所以，想要品尝月壤，代价高昂，建议不要尝试。

知识加油站

NASA

是美国航空航天局的简称，又被称为美国宇航局或美国太空总署，是美国联邦政府的行政性科研机构，负责制定、实施美国的太空计划，并开展航空科学及太空科学的研究。

如果吃一小勺太阳，会如何？

张浩 / 文

这里要看吃的是**表面物质**还是**核心物质**。太阳表面的密度比空气低得多，所以根本吃不到。这点稀薄气体瞬间就没了，你最多会觉得"好像有点热"。

太阳核心的密度是水的 100 多倍，温度有 1000 万摄氏度以上。估计还没吃到嘴里，就连勺子带人一起汽化了。

你可以去知乎上回答
"汽化是一种什么体验"
了，现在是什么感觉？

说实话，感觉不好，
我没办法玩手机了！

都告诉过你了，不
要什么都想去吃。

汽化现象下的
铁柱哥

知识加油站

太阳的表面物质与核心物质

太阳是一颗燃烧的氢气球，主要成分是氢气和氦气。太阳的核心具有极高的温度和压力，是发生核反应的主要场所。外层物质主要是由氢气与氦气组成的薄膜。

一壶100摄氏度的开水，从多高地方倒进嘴里，不会觉得烫？

神们自己 / 文

巧了，你的问题在 5 年前就有人回答了。

不仅回答了，还做成了节目，让大家看了。

日本有个电视节目叫《侦探！Knight Scoop》。这是一个以回答观众提出的问题为主题的综艺节目。

2018 年 7 月 13 日，这个节目用实际行动回答了一个重要的问题：从多高的地方将开水倒下去，会变凉不烫？这个节目组以真人做实验。不过，当时他们把水温换成了 50 摄氏度。

50 摄氏度的水对人体来说也是相当热的，接触皮肤甚至会感到烫。正常人体的皮肤温度在 36 摄氏度至 37 摄氏度之间，50 摄氏度的水温远高于皮肤的正常温度，因此在接触时会感觉到烫。长时间接触 50 摄氏度的水，还会导致皮肤烫伤。

而且，皮肤对温度的感觉是非线性的。皮肤上的温度感受器（如温度感觉神经末梢）对温度变化的敏感度，随温度的不同而变化。当温度高于体温（37 摄氏度以上）时，每增加 1 摄氏度，皮肤的感觉就像增加了 10 摄氏度。一般洗澡水的温度在 37 摄氏度到 40 摄氏度之间。大冬天里，你以为很烫的洗澡水，其实也不过 40 摄氏度到 42 摄氏度。泡温泉的水温也就 40 多摄氏度，所谓的"高温浴"也不超过 45 摄氏度。再高下去，那就不是泡温泉了。

所以，不要小看了 50 摄氏度的热水。这个日本节目的工作人员在大阪的近畿大学里找了个 5 层高的教学楼，在相邻两幢教学楼之间的连通桥下开始了实验。当时室外温度在 25 摄氏度到 30 摄氏度之间。

第一次实验：从 1 米高的位置往下浇，实验结果：烫。

第二次实验：从约 2 米高的地方浇下去，实验结果：仍然烫。

第三次实验：把高度加高到 2.4 米，实验结果：仍烫……

最后工作人员直接上到教学楼 5 楼（约 15 米），浇下去，结果显示水温居然还有点凉。看来从 15 米往下倒水，水确实能降温。但 15 米太高了，我们取一半，2 楼（6 米）行不行呢？实验结果：不行，烫……

回到前面提到的问题：一壶 100 摄氏度的开水从多高倒进嘴里不会觉得烫？

参考日本节目的实验数据，100 摄氏度的开水从多高倒进嘴里不烫暂时没有结论，但是 50 摄氏度的热水，从 2 楼浇下来仍有点烫，从 5 楼浇下来才会有点凉。

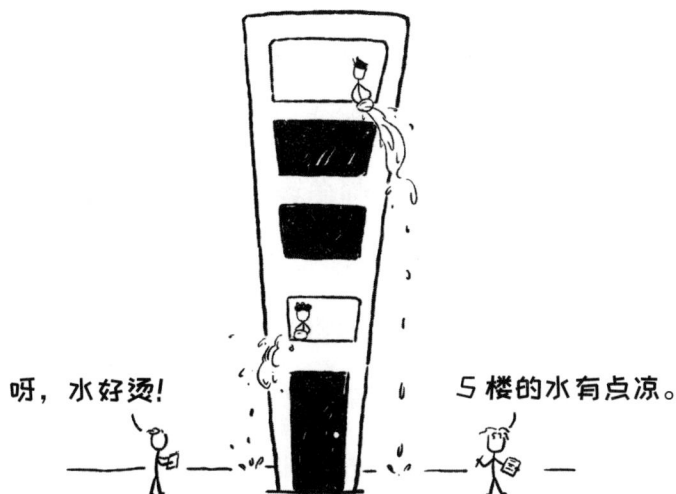

呀，水好烫！　5 楼的水有点凉。

那么，我们有没有办法根据 50 摄氏度水的实验结果，推算 100 摄氏度的呢？让我试试。

首先，我们先要搞清楚一个问题：为什么水从高处倒下来会降温？这究竟是什么原理？

从高处倒下来的水降温的原因，可以归结为以下几个方面：

1.空气对流：当水从高处倒下时，它会与周围的空气发生相互作用。空气对流会加速水的冷却过程。由于空气是热量的传导介质，热量从水中传递到空气中，使水降温。

2.蒸发：倒下的水在空中形成水滴，这会增加水的**表面积**，从而促进蒸发。蒸发是一个吸热过程，从水分子中吸收热量并使其冷却。当水分子从液体状态变为气体状态时，它带走了一定的热量，导致剩余的水降温。

3. 空气阻力和水滴分散：当水从高处倒下时，它会受到空气阻力的影响。这会使水分散成更小的水滴，从而增加其与空气接触的表面积。如前所述，空气对流和蒸发都会加速水的冷却过程。

其实，倒水降温的影响因素很多，像初始水温、空气湿度、环境温度，甚至倒水的姿势都会对它降温产生影响。举个例子：如果你不是一盆水直接浇下来，而是像打点滴那样一滴一滴地滴下来，我敢打赌，降温效果会好得多。

为什么？

因为任何物体和外界的热交换，都是通过物体表面。物体的降温效果和表面积成正比，表面积越大，降温越快。然而，物体的热量和体积成正比，壶里的水越多，总热量越大。所以，物体的体积和表面积之比越小，降温越快。

如果把一滴水等比例放大 10 倍，它的体积会增加 1000 倍，但表面积只增加了 100 倍，体积和表面积之比增加了 10 倍，理论上，散热效果也会变差 10 倍。所以，一壶开水如果分解成 n 滴水，它和空气接触的表面积会比一壶水直接浇下来要大得多，降温也快得多。

什么时候能滴完？
我要下班了……

不过，我们也可以不想得那么复杂，只做一个简单的换算，人体感觉到"有点凉"的水肯定低于体温 37 摄氏度，就算它有 30 摄氏度吧。从 5 楼（15 米高度）倒下来，这壶水从 50 摄氏度降到了 30 摄氏度，温差 20 摄氏度。

同样这壶水，如果温度换成 100 摄氏度，要从 100 摄氏度降到"有点凉"的 30 摄氏度，温差有 70 摄氏度。假设空气温度、倒水的姿势等其他条件都不变，只有高度变化，水温降低所转移的热量和水流倒下来经过的距离（也就是倒水高度）成正相关，那么，我们可以大致推算出，100 摄氏度的水倒下来降到 30 摄氏度，需要经过的距离是 50 摄氏度的水的 3.5 倍。也就是说，在 52.5 米的高度倒下这壶开水，应该可以用嘴直接接着喝。

有人说：不会吧，需要这么高的高度吗？我做了这个实验，发现只需要最多 2 米高度，就能变成温水了！我问他：你这实验具体是怎

127

么做的？他说：我就是在地上放个不锈钢盆，然后爬到2米高的梯子上，把刚烧开的水倒下来。哦对了，水流要控制到尽可能小，这点很关键。

那不就得了。

首先，不锈钢盆本身的温度就是室温，一般在二三十摄氏度，开水倒下来时，金属本身吸收了大量的热量，而且金属的**热传导**速度很快。其次，水流控制得很小，就是变相增加了水和空气接触的表面积，散热速度当然更快。你如果把水一滴一滴往下滴，都不用2米，水就凉了。当然，用这种姿势倒完一壶水，你可能需要很长时间。

如果你只是想快速喝到温水的话，其实真不用那么复杂。把开水壶里的水倒进不锈钢盆里，利用金属的吸热能力和快速散热能力，稍等1—2分钟，水温就降到能喝的温度了。

知识加油站

表面积

指单位质量物料所具有的总面积。

热传导

指热量从系统的一部分传到另一部分或由一个系统传到另一个系统的现象。热传导是三种传热模式（热传导、对流、辐射）之一，它是固体中传热的主要方式。

很多武侠小说中，武林高手可以以轻功踏湖面而行，在现实生活中，人真的可以实现"水上漂"吗？

谭子斌 / 文

如果一脚踩下去的速度足够快，水来不及变形，是可以在水上飞奔的。

"水上漂"的绝技不只存在于武侠小说中，大自然中也有擅长于此的生物。**双冠蜥**尤其精于此道。

双冠蜥为什么能在水上奔跑而不沉下去呢？这得益于它们相对较轻的体重，双冠蜥的平均体重约90g，强劲的后肢肌肉能保证它们快速蹬水，频率能达到每秒8次，当然了，它还有较大的脚掌面积。

那么人是否能做到呢？确实有人试图研究这个问题。意大利的科学家们就曾经试图通过实验来验证这个充满脑洞的设想。

根据科学家的研究成果，对一个普通重量的人来说，如果试图在水面上采用双冠蜥的方式奔跑，大约需要双腿以 30 米 / 秒的速度蹬水，这需要人类肌肉力量增长为现在的 15 倍才有可能。

既然常人力量难以达到要求，那我们运用别的手段，例如增大脚掌的表面积呢？计算结果表明，人穿上面积 1 平方米的"蹼"，也仍然需要 10 米 / 秒的速度蹬水，才能在水上奔跑。

看到这里你是否有点失望呢？然而那群脑洞大开的研究者不会止步于此，他们为了实现人类"水上漂"的梦想，提出了一种方法，那就是减小重力。

理论模型表明，在月球表面的重力加速度环境（0.16 G）下，以正常速度蹬水，要想不沉下去，你的体重不能超过 73kg。所以，为了能在月球上玩"水上漂"，赶紧减肥吧。

他离成为武林盟主还有多远？

还差 30 斤。

武林盟主第一步，
练就轻功"水上漂"

研究者们让志愿者穿上用于增大脚掌面积的蹼，并把他们悬挂于一个架子上。架子可以给人提供一定的拉力，但是这个拉力小于人的重力，差值为人自身重力的 10%—25%。为了使自己稳定，志愿者们需要蹬水以补足这个差值。这就模拟了一种低重力加速度的环境。

实验表明，10% 重力加速度的情况下，六位志愿者都能保持不沉下去的状态。随着重力的增加，能保持不沉的志愿者越来越少。结果，即使在月球表面这样的低重力加速度环境下，也并不是所有人都能成功地在水上奔跑。所以，如果真的有那么一天，我们能在月球上玩"水上漂"，你还必须确保——你不是一个胖子。

知识加油站

双冠蜥

是一种鲜绿色的蜥蜴，它的头上通常会有两个鸡冠样子的突起，因此叫作双冠蜥。它们生活在洪都拉斯、尼加拉瓜、哥斯达黎加等地的热带雨林中。

双冠蜥性格胆小，很容易受到惊吓。平时它们会在河岸的树上休息，一旦发现什么风吹草动，就会跳进水中"水遁"。

由于双冠蜥体重很轻，后肢粗壮发达，后脚掌大，而且脚底有特殊的鳞片可以发挥像滑水板一样的作用，所以在逃跑时可以发挥"水上漂"的功夫，快速游离危险。

人如果需要充电，一天大概会消耗多少度电？

好大的风 / 文

A 按照成年男子一天消耗 2000 kcal 热量的标准来说，2000 kcal ≈ 8400 kJ ≈ 2.33 kWh。也就是说每个人每天的代谢大概需要 2.33 度电。嗯，对比某些一天消耗 7 度电的台式电脑，突然觉得人类真是节能环保的典范……

真可怕，我居然梦到人以后都需要充电才能活着！

如果把人的耗电量和手机相比呢?

现在手机一般一个昼夜会消耗 0.03 度电。跟人体每天消耗的 2.33 度相比,不过是个零头。

更何况现在手机耗电大约有七八成是屏幕消耗的,如果是靠脑机接口传输数据,只需要计算不需要显示的话,可以再砍掉一大半耗电。

当然,如果你要一直连着 Wi-Fi 和 GPS 之类的话……嗯,睡前请断网,不然"脑子"会烧掉的。

顺便来算一下,这 0.03 度电,也就是约 30 大卡的能量,约为 30g 米饭所提供的热量,不到一两。所以以后去食堂打饭的时候跟食堂阿姨这么说:"请给我多打一两饭,我充下电。"

食堂阿姨一定会用关爱的眼神看着你哦!

早上好,你看起来没睡好的样子,充点电吧。

kcal

大卡，卡路里简称，是指将 1 克水在 1 大气压下提升 1 摄氏度所需要的热量。

kJ

千焦，热量单位，是用来衡量食物所含的热量和某种运动单位时间消耗的热量。

kWh

千瓦时，能量衡量单位，表示一件功率为一千瓦的电器在使用一小时之后所消耗的能量。

如果一直往手背上滴水，手会被滴穿吗？

苏澄宇 / 文

水对皮肤的作用和水对石头的作用并不一样，因此可能会出现新的现象。

在开始讨论这个问题之前，我们需要先了解一下手部皮肤的构成。

手部皮肤由表皮、真皮和皮下组织构成，厚度约0.5—4毫米。表皮最上面有皮脂膜，是一层弱酸性保护膜，它由皮脂分泌的皮脂＋汗液＋角质层混成而成，能够很好地起到防水的作用。

表皮下面的真皮没有再生能力，一旦受损的话，很难修复。

好，了解完手的皮肤构成之后，我们再来了解一下水滴的威力。

水滴落的瞬间是物理作用，是气泡的压力的无数次叠加。压力产生的一瞬间对于石头是单方向的作用力，力的全部作用被集中于某一片小面积上，受力面积小，所受到巨大的压强无数次叠加，最终造成损伤。

但皮肤、皮下组织和肌肉是具有延展性、伸缩性的，并且具有一定的厚度和弹性。当水滴落的一瞬间，压力的作用并不是作用于瞬间接触的小面积皮肤，而是会在受到水压的一瞬间形成一个肉眼不可见的凹面。由于皮肤本身凹凸不平的特性，受力表面积增大，受力瞬间分散开了，作用力也就变小了，小于石头所受的力。

还没有结束。

长期向手滴水，会使最外层的皮脂膜被破坏，因此皮肤就开始吸水。而我们的表皮层与真皮层并非完全紧密地粘在一起，只在某些地方是连接的，某些地方则没有。于是，有些地方的表皮吸了水肿起来，有些地方因为与真皮连接，不会肿起来。所以从外观看，皮肤的表面有的地方鼓起来，有的地方凹下去。

这样一来，压力对皮肤的侵蚀作用会越来越小，因为皮肤的皱褶使受力面积不断增大，缓冲增大，力越来越容易被分散开。因此，水滴的力对皮肤的作用是很小的，根本不可能造成损伤，不需要修复。

但这是手，不是石头，不能只从物理的角度来考虑这个问题。如果这是冷水的话，会有一个更显著的变化，那就是温度会更容易传导出去，导致血管收缩，长时间下来你的手就会被冻伤。如果此时水还在滴，会对你的手造成不可逆的伤害，严重的话，整个手的细胞组织都会因严重缺氧而死亡。

在手已经被损伤的基础上继续讨论。由于手部的表皮充满了水，真皮层细胞已经死亡，**细胞膜的生物活性**完全丧失，选择吸收的特性也就不存在了。此时，由于细胞内浓度大于细胞外面水的浓度，外面的水就会进入细胞内，手部细胞的体积会越来越大，最后破裂，血管里的血液也会停止流动。

手不仅伤了，还特别肿！

最后，我们得出一个结论：在足够长时间的滴水作用下，在比你想象的还要长的时间的作用下，虽然没有水滴"手穿"，但是会水滴"手废"。

请你讲下手受伤的
经过。

我就是想试试水滴能不
能滴穿手……

最后：实验危险，不能模仿。

知识加油站

细胞膜的生物活性

　　细胞膜是由蛋白质分子和磷脂双分子层组成的，水和氧气等小分子物质能够自由通过，而某些离子和大分子物质则不能自由通过。因此，它除了起着保护细胞内部的作用以外，还具有控制物质进出细胞的作用：既不让有用物质任意地渗出细胞，也不让有害物质轻易地进入细胞。此外，它还能进行细胞间的信息交流等。

人用力握拳，会捏死手中的细菌吗？

韩东燃 / 文

看得出来大家对**细菌**深恶痛绝，但是很遗憾，对大多数体积小到无法用肉眼看到的细菌来说，答案是几乎不能。

人的手紧紧地握成拳头样，这是一个宏观的物理画面，因为我们在画面中并没有看到细菌。但是宏观的力并不一定就等于微观的力，从宏观层面来看，只要保证接触面足够小，手的力量挤破细菌完全是没问题的，因此宏观的受力分析在这个微观的问题上其实是无效的。

那么手掌用力一握的微观含义是什么呢？

是人的肌细胞带着骨骼，还有大量其他细胞进行的互相挤压。人的身体在宏观上看是固体，但在微观上看就变成了流体，因为每一个细胞都是细胞膜包裹的细胞质流体所构成的，也就是说，都是软软的。

当我们用力握拳的时候，从微观的角度来看，手掌折叠其实就是一大群软软的细胞握向了另一大群软软的细胞。然后有一些细菌，很不幸地被挤在了这两坨细胞之间。不过不用担心，这些细菌也是由细胞膜所包裹起来的流体。不仅如此，它们表面更包裹了一层细胞壁，它们是细菌最外部的一层坚韧、厚实的外衣。

也就是说，在大家看不到的手掌缝隙中，实际情况是一大堆软软的细胞挤在一起，中间夹塞着一些"加固版"的软软的细菌。在这种情况下，如果这些细菌所承受的压力大到了能够破坏它们结构的程度，那么在相同的压强之下，人体手掌上的细胞更是会一个接一个噼里啪啦地被捏死。一起捏死是不太现实的。

所以这个问题的结论是——细菌基本捏不死。

可能有些人会问："我用牙齿能咬死细菌吗？"

这也是个很有意思的问题，但显然这种情况下就不是细胞挤细胞了，而是变成"石头"挤细胞了。细菌的尺寸在微米尺度，而我们的上牙和下牙不是百分百严丝合缝的，牙齿的咬合肯定存在大量不严密之处，因此绝大多数细菌是不会真的被牙齿碰到的。

少数很不幸被牙齿碰到的细菌，也能凭借"滑溜溜"的表面逃出牙齿挤压之处，从而躲过一劫。如果真的有极少数不幸的细菌没能逃出牙齿微观咬合处的话，确实有可能被咬死。所以牙齿是有可能咬死一些细菌的。

但是口腔细菌的真正敌人恐怕并不是牙齿，而是人的唾液，唾液中包含了很多杀菌成分。它们从分子层面对细菌的细胞壁、细胞膜发起进攻，攻势可比牙齿猛烈多了。

知识加油站

细菌

在日常生活中，我们会认为细菌是让我们生病的原因之一，细菌会通过接触、消化道、呼吸道、昆虫叮咬等方式在正常人体间传播疾病，具有较强的传染性。

其实，细菌不完全是"坏蛋"，人类也时常利用细菌。例如我们吃的乳酪、喝的酸奶和酒酿，在制作过程中都需要一部分细菌参与。

细菌和病毒是不同的，细菌是单细胞的生物，具有原核细胞的基本结构。而病毒则要寄生在活的细胞里才能存活。

未来人的牙齿如果坏了，能不能靠科学拔了，再重新长出？

赵泠 / 文

A

可以。

人的遥远祖先曾经具有再生牙齿的能力，后来通过退化放弃了这项能力。目前，人类基因组里有足以支持牙齿再生的基因，但它们早在遥远祖先身上就失去了启动子，不会被激活。

医生，我这颗牙掉了，
以后我的牙还会长吗？　我只能说，有这个可能。

科学家在老鼠身上已经证明，特定波长的激光可以激活牙髓的干细胞、分化为形成牙齿所需的细胞。但怎样在人身上用激光操作目前还不清楚。

在实验室里给大鼠等实验动物注入生长促进剂来刺激下颚的**干细胞**，然后用支架确定牙齿的生长方向和形状，九个星期左右可以长出一颗牙。

显然，在哺乳形类的演化史上至少有一个时期，"**恒牙**不能再替换"的性状没有对祖先们的传宗接代造成比较严重的影响。因此，人类也没有选择主动去改变这个状况。

另外，古人类在很长一段时间里并不容易掉牙。人的牙齿咬合不齐、蛀牙等问题是在过去数千年到一万年里随着生活习惯变化（尤其是饮食改变）多起来的，我们可以从古人类的化石中看出，他们的牙齿并不是这样。

二十一世纪初，十分之九的人的牙齿有至少轻微的错位或咬合不正，四分之三的人的智齿没有足够的空间全部长出来，直到现在，我们很多人依旧会因为智齿发炎而痛苦。

现代人的很多牙齿疾病在很大程度上是因为食物的改变，我们现在吃的食物比古代人更软、含糖量更高。在这种情况下，我们的口腔环境也变得和祖先的口腔环境不同，但基因并没跟上这些变化。

少数原始人吃了较多的蜂蜜之类的高糖食物，牙齿也坏得很厉害。

现在有一些说法，给"人的恒牙不能再替换"强行找些"理由"，例如"每次对人换牙的时候，新长出来的牙齿都有概率咬合不齐，因此换太多次可能对人不利"——就好像牙掉了不再生长会对人们有利一样。而咬合不齐更是影响不大，因为即使是我们的原生牙齿，也依旧有很多错位和咬合不正的情况。因此如果将来我们主动换牙的基因被唤醒，那一定是一件好事。

知识加油站

干细胞

是一类具有无限的或者永生的自我更新能力的细胞。

恒牙

指人类六岁左右乳牙逐渐脱落，开始长的牙。恒牙在 14 岁左右出齐，一般为 32 颗，上、下各 16 颗。

假如一群数量足够庞大的人们，一起从悬崖上跳下去，人类能演化出翅膀吗？

瞻云 / 文

演化其实是一个被动淘汰的过程，而人类要进化出翅膀，按照一定的条件循序渐进是可以达成的。但绝对不是以这种极端的方式。

基因的改变是一个漫长的过程，需要一代又一代人几百万年的遗传、继承和进化。因此仅仅这一代地球人集体去跳崖，是没办法改变现有的基因的。

我们假设有一个"上帝之手"存在。

"上帝之手"控制着，让每个人类在生子之前就会跳崖一次。没有经历过跳崖的人不会有后代，摔死了的人也不会有后代。

起初跳崖的条件不是很苛刻，例如从十米高坠下，悬崖下面还有一些花花草草，悬崖上还有松树一类的植物。那么，一些病弱、不健康的，有一定生理疾病的人，或者运气差的，会最先被摔死。经过好几代的淘汰之后，剩下的会是一些抗摔的，身体轻盈的人类。当摔死的人数和幸存者的人数达到一个平衡之后，人口数量不再减少，甚至开始增长的时候，开始加大跳崖的难度，例如增加悬崖高度，或者减少缓冲带。这个时候，人类再次大规模死亡。只有那些自身就拥有一定滑翔能力，或者足够高风阻（够轻，横截面够宽）的人，才更不容易被摔死。这个时候，活下来的人，可能手掌十分宽大，身体偏平，甚至腋下长出类似于蝙蝠翅膀的东西。

当人类再一次适应，人口继续增长之后，再一次增加跳崖难度。之后再适应，再增加难度。假设中的"上帝之手"把这个游戏一直重复循环下去……

直到经过大约上千万年到上亿年，剩下的人类就会长翅膀，或是双手变成了翅膀。而且在人科之下还会出现分科，**生殖隔离**大概率会出现。

不要以为那个时候的人类是现代人的后代，就认为他们还是现代意义上的人类。他们很有可能已经和现在的我们不是同一个物种了，甚至远远超过了黑猩猩和我们的区别。从进化上来说，黑猩猩和我们的差别，至少有 500 万年左右的进化历程，这也是为什么现代生物学把以黑猩猩为首的几个人猿类归类到了人科。

当然，手指对于人类的作用也是不可替代的。人类文明从学会使用工具开始，就离不开灵活的手指。在这种情况下，如果人类没有发展出其他文明分支，那么人类的进化可能会更加复杂。人类变成翅膀的手臂需要承担飞翔的重任，而手指又要保持像现在这样的灵活。说不定到那时候还会进化出各种各样的飞行方式呢。

知识加油站

生殖隔离

指由于各方面的原因，使亲缘关系接近的类群之间在自然条件下不交配，或者即使能交配也不能产生后代或不能产生可育性后代的隔离机制。

永生是一种怎样的体验？

李雷/文

把时间尺度拉长以后，你会发现，永生其实很精彩。

永生的第一步是：适应。

而这种适应，可不是过着现在的生活一成不变。当地球发生变化，气候发生变化，动植物也在发生变化的时候，整个世界都会跟着改变，人也必须跟着一起改变。

假如你有永生的超能力，那么你会经历哪些事情呢？

首先，你会经历伟大的人类转折。

如果你出生在14000年前，那时人类即将进入**新石器时代**。也行你还会经历一次全人类的危机，那就是著名的**新仙女木事件**。大概一万年前，地球发生了一次突然的、全球范围的气候变化，在这之前，地球的气候温气候温暖宜人，甚至南北极的冰都融化了相当大的面积。然而在短短几十年内，地球温度又迅速冷却了七八摄氏度，冰期持续了近 1000 年。

在这期间，全球的大部分大型动物相继死去。人类不仅要学会抵抗严寒，同时还失去了大量可以捕猎的动物。过去的采集狩猎生活消失了。最终，人类不得不自己寻找种子、种植、收获，于是就有了农田，有了村镇，有了城邦，有了农业文明。

但是事情肯定不会像你想象的那么顺利，因为种子可没那么容易驯化出来。在人类真正驯服农作物之前的那段时间里，你要先饿着，偶尔能找到一些适合寒冷环境的动物和植物，例如猛犸象，还有剑齿虎。如果你够强壮或者够聪明，捕猎成功，才能在一段时间内不挨饿。

猛犸象曾经是世界上最大的象之一，生活在公元前 180 万年至公元前 1 万年的欧亚大陆北部。距今约 1 万年前，猛犸象陆续灭绝。

当然，如果你很幸运，生活在了西亚，那你挨饿的时间会缩短，因为西亚是最早驯化小麦的地区。不过，那味道你就别指望了——最初的小麦和我们现在所食用的小麦，味道和品种相差十万八千里。

具体吃什么，还要看你当时所在的地点。如果你生活在黄河流域，那么你吃到的大概率是粟黍。如果你生活在长江流域，吃到的就是水稻。但是，都别指望好吃，这些作物的风味都是经历了几千年后才变好的。早期人类是直接煮小麦粒吃，肯定不好吃！至于你想象中的馒头、面包、面条，更不用提了，这些加工工艺要在很久很久以后才会出现。

你以为这就结束了？太天真了，在接下来的岁月里，你还要经历多次气候变化。比如距今约 8000 年前，温度又一次下降。后来多次出现的温度波动，每一次会都带来巨大的动荡。

如果你已经可以熟练应对历史上的每一次温度变化，那么新的问题也来了。因为你是永生的，在 30 年里容貌没有变化，70 年里没有衰老，100 年里没有走向死亡，那么就会引起当地人的怀疑。你要不断地搬家，换新的环境，四处游历才能瞒天过海。

不过幸运的是，那个时候没有相机，而且人类种群数量非常少。直到距今约 5000 年前，人类进入了王朝时代后，人类社会规模才开始变大。也就是说，在那之前，你只要离开人类聚落，就很难在别处遇到人了，大部分时间你都是一个人在荒野生活。你的野外生存技能会变得很重要。

兄弟，你蹲在
这里做什么？

周围人类在捕猎，
我在躲人，你呢？

巧了，我也在躲人。

剑齿虎生活在距今大约300万年到1万年前的
美洲和非洲，体形很大，牙齿有12厘米左右，
是史前最大的猫科性动物。

这还只是短短的人类14000年，再往前，地球经历了**紫色星球**，经历了数次大冰期，经历了**大氧化事件**。你可以看到一米长的蜻蜓，数米长的蜈蚣。你会看到一系列生物的进化过程，比如人类进化路线。

更重要的是，在人类进化过程中，你也必须跟着进化。不然永生设定也无法完成。

如果未来地球上水的面积变大，人类可能会长腮，皮肤也会变得像鲸一样。如果未来地球变冷，人类体毛可能会加重。地球上的物种不会永恒不变，会一直进化。

沧海桑田的不仅仅是大地，还有各种生命。

你要是不进化，可能就会成为一种原始物种。想象一下，一个原始物种在地球上是如何生存的？

所以，永生绝对会比你想象的更有趣，更有挑战性。

所以，你的意思是，你简历上写的大战猛犸象，和剑齿虎合作，都是真的？

没错。

知识加油站

新石器时代

是考古学上的一个时间区段，从距今约一万年到距今约 5000 年之间。这个阶段的人类擅长使用磨制石器，是石器时代的最后一个阶段。

在中国，较有代表性的新石器时代考古文化遗存有河姆渡文化遗址、良渚文化遗址、屈家岭文化遗址、草鞋山遗址、马家浜遗址、龙山文化遗址等。

新仙女木事件

在大约一万年前，地球上的气候逐渐变暖，两极、北美和北欧的冰川开始消融，海平面逐渐上升。南北半球春暖花开，一片生机勃勃。

但是没过多久，气温突然下降，南极、北极和青藏高原等地迅速被冰雪覆盖，甚至不断延伸。许多本来生活在高纬度地区的动植物，因为没有及时迁移生活环境，被突如其来的降温冻死。这次降温持续了上千年，气温才回升。这就是地球历史上著名的新仙女木事件。

在欧洲这一时期的沉积层中，发现了本应该生长在北极地区的一种草本植物"仙女木"的残骸。这充分证明了，在这一时期欧洲地区的温度和北极相同。因此学者们把这次气温骤降事件命名为"新仙女木事件"。

紫色星球

地球诞生初期不是现在的蓝色，而是紫色，当时地球表面没有那么多的植物，吸收紫外线和光热辐射来维持生命的微生物占据主流，这些微生物可以反射紫外线，所以地球在那时候是紫色。

大氧化事件

约 26 亿年前，大气中的游离氧含量突然增加。有种说法认为，这是由于海藻类植物进行光合作用，使得地球上的氧气迅速增加，而破坏氧气的甲烷细菌所依赖的镍元素的数量急剧减少，使得大气中的含氧量大量增加。大氧化事件使得地球上矿物的成分发生了变化，也使得日后动物的出现成为可能。

假如人类祖先返回大海，会怎么样？

高源 / 文

A 首先，得拥有一个适应海洋生活的身体。一种可能是，会进化得像**鲸豚类**那样，躯干呈流线形，皮肤光滑无毛，头发也退化没了。因为长发飘飘不仅会增加阻力，还容易挂到花花草草——准确地说是珊瑚海带，要是因此丢了小命可就太不划算了。洗发水、护发素都不需要，让肌肤嫩滑的沐浴露才是心头好。"美人鱼"不再是童话，而是成为现实。

知乎小镇选美大赛

154

另一种可能是，会进化得像**海獭**那样，浑身长满致密的毛发，毛上还有一层脂肪，即使在深水里也能滴水不透。没有人会需要脱毛膏，而生发剂的市场空前广阔。但优质的毛皮会带来一个问题，有时陆地上的某些生物会为此来猎杀我们，剥下我们的毛皮披在它们自己身上。

因为生存的需要，审美必然也会与现在不同。人们不再以瘦为美，为了保持体温，圆润肥硕才是王道。要么长着浓密的毛发，要么需要厚厚的皮下脂肪，爱美的姐妹们再也不用为减肥而纠结。健壮有力的肌肉也是必需的，否则游不动，捕食时你是最后一个，被捕时你是第一个。

既然说到吃，海里食物可以说是既安全又多样！海带、紫菜和石花菜等都是很好的食品，海味十足，营养丰富，含有碘等多种**矿物质**和多种**维生素**。在海洋人类社会中，含碘盐这种东西压根就不会存在。

当然了，海洋人类是不会甘心只吃素的。水里游的，海床及岩石上的贝类都会被请到他们的餐桌上。天上飞的也不会放过，不时抓些海鸟换换口味，尤其是红树林中种类繁多的鸟类。

因为需要呼吸，所以海洋人类不能一直待在水里。睡觉的时候，要么漂浮在水面上休息，要么时不时上来换个气。但这着实麻烦，所以应该会寻找或创造出能漂浮在水面的居所，就像陆地上的人类在演化过程中也曾使用过多种居所形式，例如山洞、半地穴式房屋、干栏式房屋等。

海里的人类也会和陆地上的人类一样，形成多种多样复杂的社会形态，毕竟群居的方式能带来更大的生存机会。有些人在资源充足密集的地方聚居，有些人随着洋流而迁徙。尽管海洋资源丰富，可人口数量会不断膨胀，逐渐遍布整个海洋，如果不重视可持续发展，资源终会趋向枯竭。不同的族群之间依旧会冲突不断，不时爆发战争。

鲸豚类

指终生生活在水中的哺乳动物。这些动物的形状、大小不一，有仅超过 1 米的小海豚，也有体长就有 25 米、世界上最大的动物——蓝鲸。

海獭

分布于北太平洋的寒冷海域。海獭皮下脂肪较薄，但皮毛极为致密，每平方厘米皮肤达 12.5 万根毛发，为动物界之最。

矿物质

指地壳中自然存在的化合物或天然元素。又称无机盐，是构成人体组织和维持正常生理功能必需的各种元素的总称，是人体必需的七大营养素之一。

维生素

是人和动物为维持正常的生理功能而必须从食物中获得的一类微量有机物质。

2.5万年前尼安德特人的灭绝，至今还是个谜。但如果他们当时并未灭绝，现在会怎样？

李东升 / 文

首先，我们需要知道什么是尼安德特人。19世纪，德国人在尼安德特村挖矿的时候，挖出来一些骨头化石，经过与我们现代人的骨头对比，发现二者非常相似，科学家认为他们是一类已经灭绝了的人，于是将他们命名为尼安德特人。经过多年的研究，科学家发现他们有很多地方与人类相似，例如男性平均身高约168cm，女性约156cm；脑容量平均约1500毫升（人类大约为1350毫升）；基因相似度99.5%，据此推断他们应该也同样具有语言和制作工具的能力。

现代人类在历史上的亲戚们（部分）

现代人类　尼安德特人　丹尼索瓦人　弗罗勒斯人　马鹿洞人

尼安德特人与我们比较明显的区别是四肢整体略短，并且比我们粗壮，同时关节也较大，这就显示了他们的力量应该要强于我们，同时可能更加适合在较寒冷的地方生活。随着时间的流逝，他们的数量逐渐壮大，如果没有灭绝，那么也会像我们一样逐渐分布到世界各地。所以这个问题就变成了，我们能否与几万年前的"我们"共存？

那么，那时就会产生很多平行地球。

第一个地球，人类在与尼安德特人的竞争中，形成了高效的组织能力，所以在争夺资源的过程中能经常获胜。而尼安德特人因为经常战败，数量逐渐减少，只能迁徙到更加偏僻的地方，例如寒冷的**北极地区**或类似青藏高原之类的高**海拔**地区。因为自身优势，他们能够比人类更好地适应寒冷地区，所以没有灭绝。

尼安德特人 vs 我们

159

尼安德特人在后续的发展中，会向两个方向演化。其中一群人逐渐改变自己的身体特征，如体形变大，同时四肢相对不变或者变小，以减少热量流失；长出很多毛发，锁住身体散发的热量，保持温度。但即使如此，因为寒冷环境中的各种资源变少，他们能够利用的也就相对较少，所以人口数量不会有大的增加，只能维持在相对少的数量上。

第二个地球，尼安德特人先于人类占据各种优势，在人口、科技、文化等众多领域发展迅速。而人类只能被迫退居到地穴中生活，夜晚出来活动。人类在了解恐龙灭绝的原因后，开始期待历史重演，盼望着某颗小行星撞击地球，引发一系列连锁反应，从而导致尼安德特人短时间内迅速消亡，人类则因适应地穴生活，可以较长时间躲避大范围、长时间的自然环境改变，从而在环境逐渐稳定变好的时候，重出地穴，发展壮大。但我们也很清楚，这种事情的发生概率始终是很小的，毕竟整个地球历史在46亿年中可能才发生了1次。

第三个地球，就如我们现实生活的地球，尼安德特人虽然曾经很适应地球生活，但后来可能因为某些原因发展受限。这些原因可能是自身造成的，例如不能形成高效的社会组织结构，导致文化无法长期积累，无法形成文明而持续发展；也可能是外界原因造成的，如环境发生突变，导致人口大量死亡，虽然有少数个体能够存活，但始终无法发展壮大。而我们人类则碰巧不存在上述问题，从而能持续发展，并因资源争夺，与他们产生冲突，最终导致他们人口数量逐渐减少，或逐步被同化，在某个时间节点，最后一个尼安德特人死亡后，他们就被我们完全取代。

第四个地球，尼安德特人占据各种先机，发展遥遥领先，我们诞生不久便被尼安德特人扼杀在摇篮中。尼安德特人成为优势种，在周而复始中演化。地球未变，只是这次的主角不是人类，而是尼安德特人。

知识加油站

北极地区

指北极圈以北的地区，被亚、欧、北美三大地区所环抱，近于半封闭。

总面积 2100 万平方千米，约占地球总面积的 1/25。气候寒冷，北极海区最冷月平均气温可达 -40℃——-20℃，暖季也多在 8℃以下。

海拔

指地面某个地点高出海平面的垂直距离。

为什么动植物不把自己进化得特别难吃，这样不就能避免被吃光了？

游识兽 / 文

先讲一个冷知识，植物的最大对手其实是昆虫，吃植物的昆虫种类比植物还多，所以植物演化的主要假想敌也是昆虫。

植物难吃主要有三种路线。一是化学路线，使用化学武器，比如**菊科植物**演化出了除虫菊素。二是物理路线，使用尖刺、硬壳等结构防御，比如小麦，所谓"针尖对麦芒"，坚硬的芒刺特别扎嘴。三是化学物理一起上，比如有毒刺的荨麻，轻轻一碰，就能让人长出又疼又痒的"荨麻疹"，再爱吃草的动物也得绕着走。

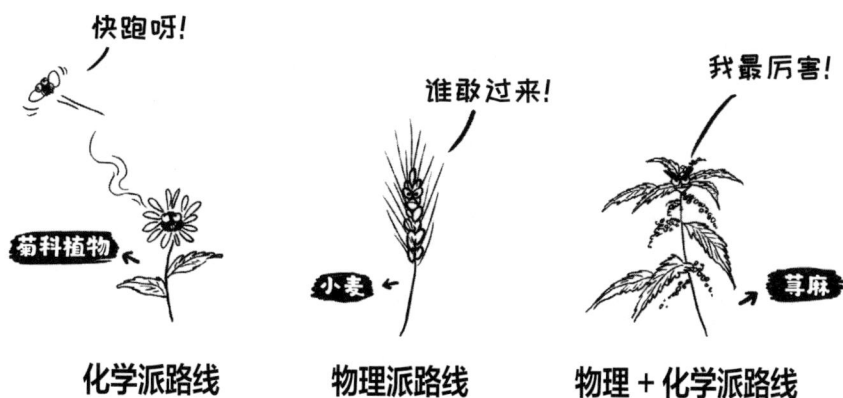

快跑呀！

谁敢过来！

我最厉害！

菊科植物

小麦

荨麻

化学派路线　　　物理派路线　　　物理＋化学派路线

植物为了"难吃"这个目的而演化出来的化合物，可能超过 10 万种。其中有些甚至是剧毒，比如蓖麻里的蓖麻毒素，烟草里的尼古丁，鲜红的相思豆里的鸡母珠毒蛋白，夹竹桃里的夹竹桃苷，曼陀罗花里的莨菪碱，杜鹃花里的木藜芦毒素，等等。这些植物，都可以算"足够难吃"。

辣椒也是一种植物。本来计划得挺好，果子给鸟吃，鸟把辣椒籽散布得远远的，这样小辣椒们就能天南地北，各占地盘。哺乳动物不适合，它们的咀嚼和消化会破坏辣椒种子，使之发芽率变低。

于是辣椒就变辣了。辣味其实是一种痛觉。辣椒素，其实是针对哺乳动物痛觉感受器打造的"化学武器"。

除了辣椒之外，杏仁含有苦杏仁苷，菠萝含有会扎你嘴的草酸钙针晶，柿子含有会导致消化不良、得胃结石的单宁。还有巧克力的可可碱，咖啡与茶里的咖啡因，对猫狗等动物都是致命的毒物。

说完植物，再来说说动物。

动物比起植物，有个最大的特点——会动。也就是说，动物要在自然选择里存活下来，有很多行得通的路子：特别能躲藏，逃得特别快，生得特别多，或者身强力壮，集结成群，可以反击对手……

要知道，把自己"演化得很难吃"，也是要付出成本的。有些动物有了别的生存方法，也就不执着于把自己搞难吃了。

但"演化得很难吃"的动物也还是有。乌龟、刺猬走的都是物理路线。至于剧毒的河豚、蓝环章鱼、箭毒蛙，走的就是化学路线。有些走化学路线的动物，还会特意给自己弄出红、黄、黑、白等警戒色，就是为了昭告天下："我真的不好吃，别来吃我！"

总而言之，动植物如果没有"演化得很难吃"，主要有以下几个可能：

1. 它们已经尽力演化得很难吃了，没想到仍被吃。

2. 它们确实演化得很难吃，所以一般不会在餐桌上出现。

3. 它们觉得没必要把自己搞得难吃。

4. 它们本来演化得挺难吃的，被人类驯养之后变"好吃"了。

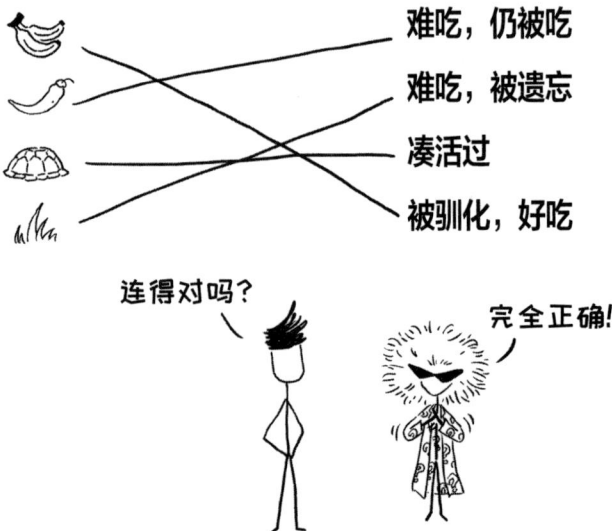

在演化过程中，猎手和猎物都必须拼命奔跑，才能不被淘汰。难吃也好，好吃也罢，每一种生存至今的动植物，都是幸运与实力兼备。

还有一种情况：足够美味也是一种"演化优势"。全世界的鸡现在有超过 300 亿只，这是"人工选择"的力量，"人工选择"已经不弱于"自然选择"了。

知识加油站

菊科植物

是双子叶植物纲、桔梗目的一个科，该科约有 1000 属，25000—30000 种，是双子叶植物的第一大科。菊科种类繁多，许多种类富于经济价值，如莴苣、莴笋、茼蒿、菊芋等。

章鱼聪明到可以统治世界吗？

游识兽 / 文

章鱼的智商到底有多高？为什么有人说它们的智商高到可以统治世界？

二十年前，没几个人觉得章鱼有多聪明。除了海洋生物学家，谁会潜到海底去观察它们？对绝大多数人而言，和章鱼相关的形容词是"美味"，毕竟它们总是以白灼、爆炒、小丸子等熟透的形态出现在饭桌上。

然后，视频网站出现了各种与章鱼相关的视频，震惊了陆地上的人们。

首先是它们无与伦比的伪装。基本上，你在海底看到的任何一样东西，都可能是一只章鱼。

一片海底的沙砾？不，是一只章鱼；一块海底的岩石？是章鱼；一只浑身是刺的狮子鱼？还是章鱼；一枚缓缓爬过的海螺？依然是章鱼；剧毒的黑白海蛇？呵，是章鱼；一只从海底悠然游过的比目鱼？是章鱼、章鱼、章鱼！一株摇曳的海草？镜头拉近，一只苍白的章鱼骤然浮现，喷出一大团墨汁，然后迅速逃逸得无影无踪……

其次是它们千奇百怪的技能。

章鱼是**软体动物**，是天生的脱逃大师，只要有硬币大小的洞，它就能从容通过。它还有八条灵活无比的腕足，可以拧开罐头盖，吃掉躲在里面的螃蟹；它能取走捕龙虾陷阱里的诱饵，跑到渔民的网里吃"死蟹自助餐"，然后全身而退；它能使用工具，比如随身带两个椰子壳，有风吹草动就把椰子壳上下一扣，躲进里面。德国一家水族馆一段时间每天夜里电力系统短路，查了半天发现，是一只章鱼每天夜里爬出来，对着顶灯喷一束水柱。新西兰的海洋馆里出过两只天才章鱼，一只每天晚上溜出自己的水箱，去别的水箱吃螃蟹，吃饱了又回自己的水箱佯装无事；另一只直接上演惊天越狱，某天夜里消失得无影无踪，工作人员猜它最可能的脱逃路径是一条 50 米长，直接通向大海的排水管。还有著名的章鱼保罗，在 2010 年世界杯中预测八次比赛结果，正确率 100%。

研究章鱼的科学家们也大受震撼，他们发现：章鱼既能识别真实的物体，也能识别屏幕上的物体图片；既能识别出学过的形状，哪怕那个形状被旋转过；还能学会走迷宫，记住不同的迷宫有不同的出口；既能知道怎么扭转进退，从一个小洞里掏出 L 形的食物，显示出极佳的记忆力；又能通过观察同类示范，学会同类的技能。

这章鱼莫不是成精了？

从演化角度来看，章鱼很早就走上了"智取"而非"力敌"的道路。5亿年前，章鱼的头足类祖先是有硬壳的，类似如今的鹦鹉螺。然而鱼类出现了，头足类祖先发现自己无论如何也游不过鱼——头足类祖先是喷水推进，鱼类则近似螺旋桨驱动，后者更节能高效。

近3亿年前，章鱼的祖先做出了一个勇敢的决定——抛弃既保护自己、也限制自己的硬壳。从此，鱿鱼和乌贼变成了游泳高手，而章鱼则选择潜入海底，在那里漫步、爬行、探索缝隙，寻找食物，躲避天敌。章鱼吃的食物多种多样——鱼、虾、螃蟹、贝类，每种食物的捕猎都需要有独特技巧。有的章鱼甚至会找机会将小鸟拽下水淹死。

当然，章鱼的天敌也有许多，鱼类、鸟类、海獭、鲸豚……

这一切，共同塑造了今日的章鱼。它需要随机应变，需要成为快速学习者。

从神经元角度来看，章鱼的神经元相当多。人类大部分神经元都在大脑里，而章鱼的神经元三分之一在甜甜圈形状的大脑里，三分之二在腕足里——整个"分布式神经网络"加起来有5亿神经元，虽然比不上人类，但和鸽子、松鼠、家猫的神经元相比，已经是一个数量级。考虑到体形，章鱼的"大脑占比"大得惊人，在无脊椎动物里基本无敌。

从基因角度看，章鱼和人类一样，基因组里有很多"转座子"，这是一种能在基因组里跳来跳去的小片段。这些"转座子"影响了大脑里负责学习和记忆的部分，也就是人类的海马体，以及章鱼的垂直叶。这种"基因天赋"，可能是章鱼擅长学习和记忆的一个原因。

尽管章鱼有着令人惊叹的智能，但要"统治世界"，它们还有三道难以逾越的关卡——

1.寿命关。章鱼的寿命普遍不长，短的物种才六个月，长的物种也就五年。而且章鱼在交配生子后，生命基本就进入倒计时。每一代都没法积累太多知识，即使积累了知识，也难以传给下一代。

2.合作关。章鱼不爱合作，除了交配时，基本上独来独往。没有社会合作，章鱼能做到的事情就有限得多。相比之下，乌贼要比章鱼擅长合作得多，有些乌贼甚至会集结成群、共同捕猎。

3.环境关。章鱼只能生活在海水里，连淡水河流都去不了，更别提占领陆地了。也就是说，章鱼的势力顶多染指海洋世界。

目前看来，这三关足够拦住章鱼，让人类高枕无忧。不过，让我们继续对章鱼保留敬意。章鱼和人类曾拥有共同的祖先——大概是某种扁扁的小虫子。但在 5 亿年前左右，章鱼与人类踏上了截然不同的道路，并两次制造出了"智能"。可以这样说，从某种意义上说，章鱼很接近"有智慧的外星生物"。

知识加油站

软体动物

是动物界中的第二大门，大约有 10 万种。它们的共同特征是身体柔软而不分节，一般分头-足和内脏-外套膜两部分。

神经元

即神经元细胞，是神经系统最基本的结构和功能单位。

基因

又叫遗传因子，储存着生命的种族、血型，以及孕育、生长、凋亡等过程的全部信息。

假如猫拥有跟人类一样的智商，会发展出什么样的社会呢？

游识兽 / 文

A

首先，拥有和人类一样智商的猫，会意识到自己光有一个聪明的脑瓜子是不够的，还需要有操控物质和改变环境的能力。

对猫来说，好消息是，这样的结构已经有了，在猫脚侧面，有个叫"悬爪"（dewclaw）的小爪子。这东西稍微进化一下，就等于一个拇指，从此可以自己打开罐头。

在能用悬爪制造各种工具后，猫终于可以大刀阔斧地建立属于它们的社会了。

首先，这个社会可能会更加注重工作与生活的平衡——猫一天大概需要 12—14 小时的睡眠，还需要很多很多的玩耍时间。所以猫社会可能一周做二休五，工作的那两天实施 5 小时工作制，14 小时留给睡眠，5 小时工作，还有 5 小时留给生活。

尽管如此，猫们还是经常抱怨：工作的时间太长了，玩耍的时间实在不够。

另外，猫社会可能会是**母系家族**，族长是某位年长有威望的猫女士，家族里有男有女。猫们不结婚，但经常换着人谈恋爱。有了小猫崽也没问题，亲妈会和家族里要好的闺密猫合力把小猫养大。

在社交礼仪上，猫社会里比较重要的有如下几种：

竖尾礼，将尾巴垂直于地面向上竖起，表示"你好"；碰鼻礼，相遇时鼻子互相碰一碰，表示"嗨，朋友"；吻头礼，把另一只猫的头和颈部彻底舔一圈，表示"爱你哟"……遵守这些礼仪，才是好的社会猫。

猫的夜视能力非常好，所以猫社会可能没有路灯，城市夜里也不会灯火通明，这点相当环保，节省了不少花在照明上的能源。猫可能会建造有许多小窗户的建筑，自然照明的微光对猫们就已经足够。

猫喜欢黑夜，所以猫社会里很多重要的工作、节日、庆典，都会安排在夜间进行。比如说，最重要的庆典之一，纸箱节，就是在冬季黑夜最长的那一夜进行。猫们会装饰自己最爱的纸箱，进行纸箱花车游行。

由于一个味觉基因的变异，导致猫无法品出甜味。所以喵星文明里不会有甜食店，没有糖果、蛋糕。猫还有乳糖不耐，所以也不会有冰激凌。巧克力中含有的可可碱和咖啡因对猫是剧毒，所以也不会有巧克力。同样的道理，咖啡当然也不行。

猫社会的农业，最大的经济作物可能是猫薄荷。猫们开发出了各种猫薄荷产品——猫薄荷饮料、猫薄荷零食、猫薄荷药物、猫薄荷香薰……猫薄荷成为猫文明的支柱产业之一。

其余水果里，会导致猫肾衰竭的葡萄不可能种植，葡萄干想都别想，葡萄酒全部倒掉。同样会导致猫肾衰竭的百合花也将被禁止栽种。被列入种植禁令的还有会导致猫贫血的洋葱、大蒜、韭菜，等等。

总的来说，猫们除了猫薄荷外，对于其他种植物不太感兴趣。

猫社会里畜牧业还是很发达的，各地都建造了小鸟、小鼠养殖场，因为这能为猫们提供最喜欢的零食——温热的、38℃左右的肉，也就是最新鲜的猎物。

畜牧业也是为了解决猫社会的一个重大弱点——猫们太爱狩猎了，哪怕不饿，也会顺手杀掉自己发现的猎物。如果全靠野外打猎，必然造成其他物种大量灭绝，让猫们面对大型生态危机。

为了解决这个问题，猫们可能不得不制定复杂的法律，规定每只猫的野外狩猎配额。

最后，猫社会如何发展，还有个重要的制约因素——那时人类社会还在不在。除此之外，对猫来说，生态史上最可怕的入侵物种之一，比如斯蒂芬岛异鹩，是否已灭绝。

知识加油站

母系家族

指始终以母系血缘关系为纽带，子女跟随母亲生活，属于母亲一方氏族，血统和财产继承亦从母系计。

昆虫为什么不会因趋光性，齐刷刷地奔向太阳？

张英峰 / 文

A 现在我要说的话将推翻你以前的认知，那就是，很多你认为的昆虫的**趋光性**行为，其实都是错误的。

我们对昆虫的趋光性认识，有的时候是误以为！

提到昆虫的趋光性，我们很快就能想到飞蛾扑火的例子，其实这就是一个延续了数千年的误解。

让我们从飞蛾的角度来思考一下这个问题。

漫漫长夜里，飞蛾看不清四周的情况，在找不到合适参照物的情况下，如何不走冤枉路，省时省力地飞行呢？

夜晚活动的飞蛾等昆虫都是靠月光和星光来导航。因为这些光源都是极远光源，当太阳光进入大气时，被散射形成天空光。天空光是**偏振光**，到了地面可以看成是平行光，而昆虫是将其作为参照物来做直线飞行的。飞蛾只要按照固定夹角飞行，就可以飞成直线，直飞最节省力气。角度稍微一调整，就可以直飞另一个目标。

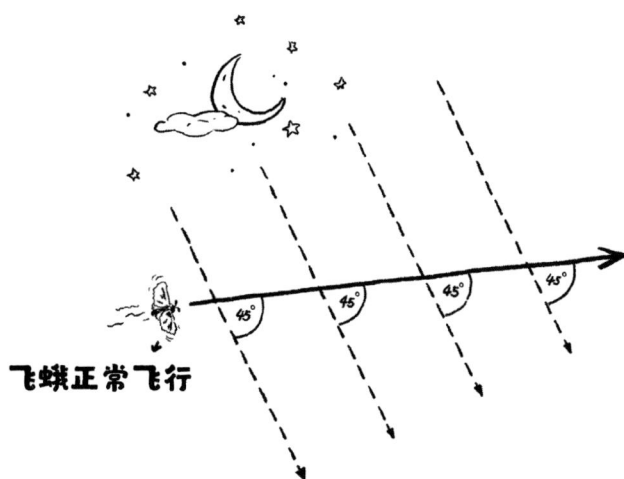

飞蛾正常飞行

但自从人类学会了使用火，飞蛾就开始扑火了。因为火这种光源近，光线呈中心放射线状。

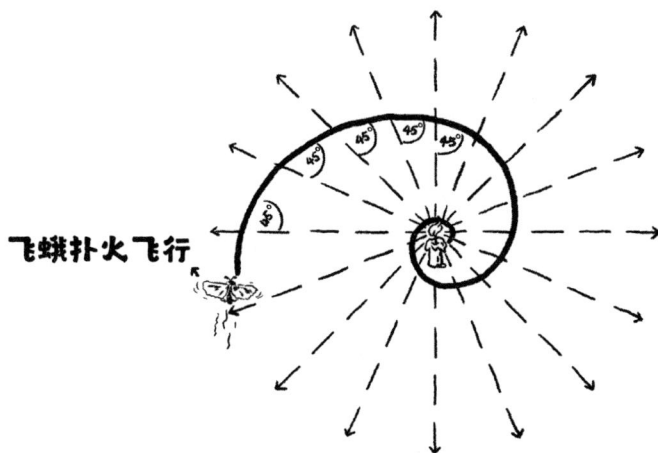

飞蛾扑火飞行

飞蛾发现：

我飞飞飞……

咦……不对啊！

调整角度，飞飞飞……

哎？还不对，我这是在往哪儿飞啊？

继续调整角度……

好晕……我难道是在原地打转吗？

如果飞蛾趋光，为什么不直线飞过去呢？为什么要绕着光飞？趋光性能解释这种现象吗？

飞蛾以为按照与光线的固定夹角飞行就是直线运动，结果越飞越茫然，越飞越头晕。它也想挣扎着飞出正确的路线，因此不断地调整角度，奈何本能使然，最终还是飞到火里去了。这种现象被人类称为昆虫的正趋光性。

实际上，人如果在原地旋转很多圈，再走直线，也会因为平衡器官被干扰而乱走。你以为是在走直线，而在旁人看来更像喝醉了一样东倒西歪乱走。

而飞蛾亿万年才演化出的精妙直线导航方法，被人类的光源干扰弄失效了！

不光飞蛾，人在南北磁极也会出现相似的情况。

在远离南北极的地区，人们认为磁力线是平行的。

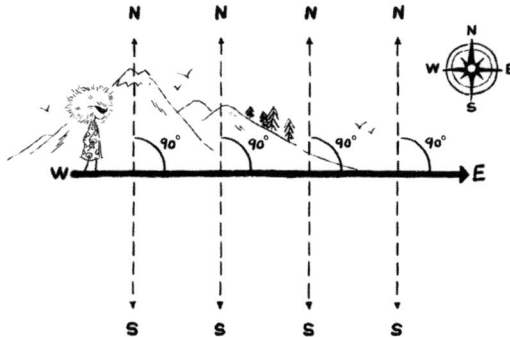

但如果在南极雪原上，在距离南磁极很近的地方，指南针总是指向附近的磁极点，如果往东走，就是绕着南磁极走圆圈。所以，南极附近的磁力线不能被看成是平行线，而应看成是以南磁极为中心的放射状。如果往东南走，就会像飞蛾一样，绕很多圈才能到达南磁极。

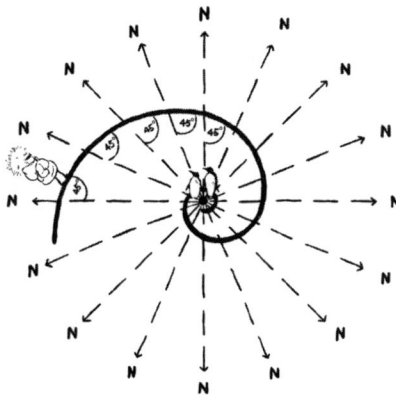

这时候人们必须放弃指南针，改为参照地形、天空偏振光或其他参照物导航。

但是飞蛾没有这么多选择，它只能等到周围完全黑暗了，才可以恢复正常飞行。

你可能会问，人类使用火都这么久了，昆虫们为什么不能"与时俱进"呢？

要知道，虽然在我们心中，人类使用火的总时间很长，可能有数百万年，但人类直到几十万年前才走出非洲，7000 年前才建立文明，影响范围实在太小，时间也太短。而且，你知道生物是何时进化出天空光导航的吗？

答案是 5 亿多年前。

5 亿多年前，地球上开始出现了有眼睛的生物，其中最有名的是寒武纪时代的三叶虫。典型的三叶虫眼睛是复眼，后来的昆虫复眼则继承了这种能够探测偏振光的能力，除了昆虫，还有一些鸟类、鱼类、甲壳类和两栖动物也可以利用偏振光。它们综合参考太阳的方位和天空光的偏振来进行导航，而不是被太阳光吸引，所以不会飞向太阳。

你瞧，大自然用了几亿年的时间才让生物学会利用天空光导航，怎么可能在人类使用火的短短百万年里就"与时俱进"了呢？

那昆虫究竟有没有趋光性呢？有的，但绝不是我们理解的"飞蛾扑火"。真正的趋光性是昆虫的一种本能，是昆虫本身对光产生的一种定向运动。

那么，这些拥有趋光性的昆虫为什么不一直向着最亮的太阳飞呢？

首先，拥有正趋光性的昆虫，生活习惯都是白天睡大觉，晚上觅食。因此它们几乎没有机会见到太阳，更不用说朝着太阳飞了。

其次，当有太阳光时，昆虫所处的整个环境都是亮的，既然已经身处明亮的环境了，就没必要再朝着太阳飞了。

最后，也许历史上真的出现过一直向太阳飞的昆虫，但这是一项极大的挑战，昆虫在飞行的过程中，离食物越来越远，体力消耗越来越大，还容易被天敌锁定。所以，这些昆虫都已经在进化过程中被淘汰掉了，因此现在的昆虫都不会再飞向太阳了。

知识加油站

趋光性

昆虫大都有趋光性，不过有的是正趋光性，有的是负趋光性，正趋光性指的是一些昆虫会主动地靠近光源，而负趋光性则恰恰相反。我们生活的街道、马路上，晚上路灯的四周聚集了大量飞虫，它们都属正趋光性的，而我们常见的蜗牛、西瓜虫等动物则是属负趋光性的。

偏振光

光是一种电磁波，电磁波是横波。光在前进的同时，会横向振动，而这种振动也不是对称的，这就是我们常说的偏振光，只有横波才有偏振现象。

人的眼睛对光的偏振状态并不敏感，但某些昆虫的眼睛对偏振现象却很敏感。它们可以通过复眼看到太阳的偏振光，从而判断方向。

鱼会怎样被淹死？

苏澄宇 / 文

这听起来有些不可思议，毕竟鱼就生活在水里，就像人类生活在空气中那么自然，那在水里的鱼被淹死，岂不是等同于让人在空气中窒息？但其实鱼被淹死是有可能的。

要想知道鱼什么情况下会被淹死，得先知道鱼是怎么呼吸的。

我们都知道大多数的鱼都用鱼鳃来进行呼吸，鱼鳃位于咽部的两侧，鳃中的蛋白丝结构称为鳃小片。当鱼呼吸时，水从嘴中吸入，然后通过鳃流出，鳃小片会通过接触水流来吸收氧，所以蛋白丝组成的受氧面积对鱼类换气非常重要。

这听起来是不是很简单，但在实际情况中，氧气在水中的溶解度相当小。在 20 摄氏度、1 个标准大气压的条件下，1 升水只能溶解约 9 毫克的氧气，这大概只有空气中含氧量的 1/35。因此在水中生活的鱼只有尽可能地让更多的水通过它自己的鳃，才能获取足够多的氧气，保持正常呼吸。

那么，怎样才能获得足够多的水呢？

大多数硬骨鱼的做法是不停地用嘴吞水，没有硬鳃盖的软骨鱼，比如鲨鱼，就只能通过不停地游动来让更多的水进入自己嘴里。

现在我们知道了，鱼被淹死，其本质就是呼吸不到氧气。如果水中的溶氧量变少，鱼的呼吸系统就会出现问题。

想要把水中的溶氧量变小，那最简单的方法就是改变水体环境的温度，因为水中的溶氧量的变化和温度关系很大。温度升高的时候，水的溶氧能力会迅速下降。

在标准大气压下，0 摄氏度的 1 升水可以溶解 14.6 毫克的氧气，而到了 35 摄氏度的时候，只能溶解 6.9 毫克。如果鱼的**新陈代谢**旺盛，它的耗氧量会增大，如果水的温度再稍高一些，鱼可能就会窒息。有时候在闷热的夏天，你可以看到有些快要窒息的鱼会游到水面上，把头探出来，"卟噜卟噜"地张口闭口，就是为了想要呼吸到更多的空气。

所以鱼被淹死的第一种可能，是水的温度升高。这也是为什么不可以用开水来养鱼，开水在高温时会析出大量溶解氧，而且随着时间的变化，在常温下也难以恢复到正常的含氧量，所以不适合用于养鱼。

如果提高水温，
鱼会窒息。

除此之外，水如果盐度高，也会影响水的溶氧量。这也是淡水鱼不能随便跑到海水里的原因之一，因为有可能会窒息。

我的盐哪儿去了？

不能随随便便往鱼缸里放盐。

前面说了软骨鱼类只能通过不停地游来游去来获取足够的氧，因此，一旦鲨鱼不再游动，就会死。

这种情况在海里时有发生，因为鲨鱼有时候会被海里的打鱼网给困住，不能动弹的鲨鱼由于不能让足够的水进入嘴里，最后只能淹死。还有些人把鲨鱼的**鱼鳍**给割了，然后丢回到海里。鲨鱼失去鱼鳍，无法游泳，最后会被淹死。

你一天天的都在开什么
奇怪的脑洞！

我的鱼！
呜呜呜！

新陈代谢

是使生物能够生长和繁殖、保持它们的结构以及对外界环境做出反应的一种行为。

鱼鳍

鱼类用来游泳和维持身体平衡的重要器官。

如果园林绿化草坪种上了韭菜，是不是既可以绿化，又可以食用？

雨尘 / 文

看来你对韭菜的误解很深，因为韭菜根本不像你想象的那么好种植。

我们先来看看韭菜有哪些特点。

虽然韭菜确实和草一样是绿色的，但是它非常柔软嫩滑，汁水也特别多。如果你在韭菜地里打一个滚，可能会变成"绿巨人"。

其次，韭菜长得确实很快，但是另一个问题是，你需要频繁打理它们，每隔一个月就要收割一次。

最后，韭菜虽然可以吃，但是味道也非常大，有些人很难忍受**韭菜的气味**。

了解了韭菜之后，我们再来看看布置一片草坪都有哪些要求。

在园林景观中，草坪大致可分为活动草坪和观赏草坪两类。

活动草坪顾名思义，就是在未来的使用中鼓励人们在草坪上开展户外活动的，那在这类草坪的植物种类选择上，就有一个非常重要的考量标准——耐践踏性。

很显然，包括韭菜在内的绝大多数蔬菜的耐践踏性是不合格的，不信的话你去菜地里举办一场足球赛试试，不是满脚泥，就是满身绿。

不过，荠菜这类野菜是具有一定的耐践踏性的。

至于观赏草坪，最主要的考量标准是——好看。既然是一个审美标准，就不存在绝对的标准答案，每个人都可以有自己认为好看的标准。原则上园林景观并不排斥将韭菜用作观赏草坪。

事实上，园林植物中应用的很多百合科草本植物都是韭菜的近亲，比如著名的郁金香。而形态上与韭菜类似的韭兰、葱兰（石蒜科）等植物也是观赏草本植物中常见的物种。

那为什么园林绿化不直接用韭菜呢？

第一，韭菜有强烈的气味。不是每个人都喜欢韭菜的味道，作为主要面向公众的园林绿化，设计师通常要保证绝大多数人的喜好。在同样景观效果的前提下，观赏植物当然要规避存在不同喜好争议的气味。所以如果是私家花园，而主人又十分喜欢韭菜，那是可以将韭菜用作观赏的。

第二，韭菜作为经济作物（蔬菜），其观赏属性不强。相比韭兰、葱兰这些石蒜科的观赏植物，韭菜花更小。于是，在生长形态差不多的同类竞争中，自然被挪出了常用名录。

虽然现在开始流行用蔬菜瓜果来进行园林绿化，但是，我们不建议采摘食用园林绿化中的蔬菜瓜果。

我们要知道，园林植物的使用原则始终是为了观赏，即便是种植了香泡、杨梅、枇杷、柑橘等果树，其根本目的还是营造夏秋季节累累硕果的美景。但是如果大家路过的时候都顺手摘几个，哪还有什么果实累累的秋日风景呢？只能留下被扫荡过的痕迹。

此行为切勿模仿哦！

园林景观中就算种植的蔬菜瓜果数量足够多，多到可以让大家都体验到采摘的乐趣，但是绿化的根本目的还是赏景。因此，越美观的果蔬，它可能越不好吃。甚至，为了保证园林植物枝叶繁茂，在病虫害的防治上往往会投入很大的力度，农药和化肥的使用比例也相对比较大。

可食用的果蔬在农药化肥的使用上有着严格的规定，相对而言，用于观赏的果蔬因为打药除虫其实是非常不安全的。

现在园林景观常常会引入果树，不过目的是满足现代都市人回归田园的精神追求，而不是鼓励人们采摘果树上的果实。

所以就算路边的韭菜再郁郁葱葱，也请抑制住"吃"的冲动。

用韭菜代替草坪？不行！

有些人是会有一些奇怪的建议呢。

XX办公室

知识加油站

韭菜的气味

韭菜有一种独特的辛香气味，是其所含的硫化物导致的。

如果把刚刚出生的老虎宝宝换成小猫宝宝，老虎妈妈会不会养到"怀疑虎生"？

李雷/文

A 老虎会建立**母性行为**，主要是出于动物本性。

现实中确实发生过，一家动物园试图让老虎喂养猪宝宝，结果呢？老虎的确哺乳了猪宝宝。该动物园中还存在大量的老虎、猪和狗住在同一个围栏里的现象。

当然这也是有前提的，这头老虎在幼年时期曾经被一头猪照顾，因此它把猪当成了自己的同类而非猎物。

不过在动物界的确存在寄生，最典型的就是巢寄生行为，比如大家熟悉的杜鹃就是如此。有的杜鹃不会建巢，也不会孵化自己的孩子。于是就选择其他鸟类的巢穴进行繁殖，把蛋放到其他鸟窝。而其他鸟类如果无法识别，那么就可能一直养着这只寄生的杜鹃。

这种情形在动物行为学里称为巢寄生，背后支撑的逻辑是母性行为。我们也会发现，家里的猫猫狗狗对小婴儿会格外宽容，甚至会小心翼翼地跟在小婴儿身边观察和保护。哪怕它们被人类宝宝不小心打到，也不会激烈反抗。因此，被激发了母性行为的老虎妈妈，可能也会接受一只和自己孩子一样大的小猫吧。

知识加油站

母性行为

是指动物宝宝出生前后母亲所表现出来的与生产和养育有关的行为。具体包括对生育地点的选择、筑巢、生产、清理宝宝、对宝宝的辨别、哺乳以及保护等一系列行为。

为什么手机最后1%的电量，有时很耐用？

一个 kebab / 文

这是因为显示给用户的剩余电量和电池实际的电量并不一致。当手机显示电量是 0% 的时候，电池里还有一些隐藏电量，为了方便说明，我绘制了下面这张图。

电量逐渐减少

| 标称容量 0% | 电池保护 0% | 用户显示 0% | 用户显示 100% | 电池保护 100% | 标称容量 100% |

我们平时看到手机屏幕上显示的电量，其实是最中间用户显示的部分。实际上**锂电池**里还隐藏着一些剩余电量，就是电池保护部分和标称容量部分。

最外面的一层是标称容量，这一层是电池最真实的电量，但是我们普通用户是用不到这一层的。

为了保护电池，也为了保护用户安全，不让锂电池过度充电或者过度放电，会有第二层电池保护。于是，到了这个阶段，手机会因为没电自动关机，充电达到这个阶段，也会自动断电。

最里面的一层，是我们会在手机屏幕上看到的电量显示。没电的时候，手机会显示0%，充满电时会显示100%，它们其实是为了用户体验而设计的虚拟0%和100%，这一层又比电池保护那层的容量更少，可能只有标称容量的80%。

为什么手机要给我们提前显示0%或者1%呢？这其实是个预警，告诉你必须马上充电了，此时手机不会立刻关机，它会让你打完最后一个电话，发出最后一条信息，看完最后一条视频，然后再以百米冲刺的速度连上充电器。虽然从体验上感觉掉了更多的电，比如3%，但是极大地提升了人们的使用体验，让人们可以在手机关机前找到充电器，防止手机关机。

那么，手机究竟是怎么判断该在什么时候显示多少电量呢？在手机里有一个专门负责电池安保工作的"员工"，叫作电池管理系统。电池管理系统专门负责看好电池，观察电池还剩多少电，然后决定在屏幕上显示多少的电量。

不好意思让一下！我的手机显示只有1%的电量了！

所以，你以为电量在1%的时候很耐用，其实是因为手机给你显示的电量与你电池剩余的真正电量不一致。

为了大家的手机可以长期使用，尽量不要把电量耗尽哦。

知识加油站

锂电池

是指由锂金属或锂合金为正/负极材料、使用非水电解质溶液的电池。

为什么不能多印点钱，这样大家不就有钱了吗？

优米妈 / 文

21 世纪初，在津巴布韦，你能找到世界上面值最大的钞票：100000000000000（100 万亿）。这个国家印制了大量的钞票，最后不得不用如此大的数字来表示。但如果你因此觉得津巴布韦人一定很有钱，那你就大错特错了，因为在这里，200 万津元只能买一双袜子。

为什么明明有很多钱，却买不了多少东西？

钱的制作很简单，纸币以纸张为原材料，而造纸需要伐树。据统计，每发行 1 万亿元人民币纸币，至少得伐树一千亩。不过，纸币发行量只占社会流通中货币的 5%—10%，而今随着电子支付的普及，这个比例一直在下降。

但是钱的发行是一个非常复杂的过程，需要由**央行**、商业银行、企业、每一个货币使用者等来协同完成。

我们举一个简单的例子，菲菲是图书管理员，她需要整理图书，登记图书借阅的信息，根据大家的要求购买新的图书。每到月底，图书馆会给她发工资。她可以用工资去购买自己和家人喜欢的东西。所以，人们要通过努力工作来赚钱，通过自己创造的价值来满足自我需求。

那么在这个过程中，是不是发的钱越多，人们就越有钱呢？

还是以菲菲举例子，菲菲作为图书管理员，每天可以拿到1个金币工资的报酬，可以购买一块她喜欢的胡萝卜蛋糕。

一天，菲菲做着同样的工作，却惊喜地发现自己的酬劳突然提升到了10个金币。"我是有钱人啦！"她立马花了10个金币，买了十块胡萝卜蛋糕，兴高采烈地回家。

蛋糕店老板收了菲菲的钱，转头又把多赚的钱花出去，买新的东西。几轮下来，小镇商品市场的需求悄悄地发生了大变化。蛋糕店老板发现胡萝卜蛋糕比过去好卖太多了，但自己生产能力有限，每天最多做二十块，收获20个金币。

蛋糕店老板想：蛋糕少，大家都想要，那我为什么不抬高价格呢？于是，胡萝卜蛋糕涨价到一块10个金币。以前菲菲1个金币，可以买一块胡萝卜蛋糕；现在她有10个金币，却还是只够买一块胡萝卜蛋糕。看似菲菲的钱变多了，但东西涨价了，能交换到的物品还跟以前一样，她一点儿也没变富有，这就是"通货膨胀"。

凭我的店是整个小镇唯一一个卖胡萝卜蛋糕的商店!

凭什么涨价?这也太贵了!

胡萝卜
原价 1元
现价 10元

　　过了一段时间，每天都卖空的蛋糕店老板又想出新办法：扩大生产。他开始招人、买机器、购面粉，等等。但小镇并不是天天撒金币呀，之后菲菲的工资又恢复到了一天 1 枚金币。最后，蛋糕店老板悲伤地发现，一开始蛋糕销量的确很好，可过几天就一般了，再过一阵子就回归到多发金币之前的水平了。但人也招了，机器也买了，他损失惨重，这就是"产能过剩"。

　　原来，天上掉金币这事，不但不能致富，还会留下很多隐患。那么，国家多印点钱人们能致富吗？从现实来看，是不能的。

　　也许你可能会说，禁止蛋糕店的老板涨价不就行了吗？

　　让我们回到开篇津巴布韦的例子。当时政府为了维护社会和谐，还真采用了这个策略，禁止商店和加油站涨价。但是通货膨胀前的低价让商家卖得多赔得多，于是商场和加油站开始减少商品的数量，据说到了后来，连最基本的面包都买不到了。

　　"钱"只是一个媒介，需求总量决定了货币数量，而不是货币数量决定了消费水平。与其盼望多印钱，不如好好学习，提升自己的能力，努力挣更多的钱吧！

知识加油站

央行

一个国家中居主导地位的金融中心机构，是国家干预和调控国民经济发展的重要工具。是负责制定并执行国家货币信用政策，独具货币发行权，实行金融监管等的机构。

Q 《西游记》中，为什么不用变长的金箍棒，直接把唐僧送到西天？

任意/文

A　这个问题，其实在原著第二十二回就已经告诉了我们答案。

八戒道："哥哥又来扯谎了。五七千里路，你怎么这等去来得快？"行者道："你那里晓得，老孙的筋斗云，一纵有十万八千里。像这五七千路，只消把头点上两点，把腰躬上一躬，就是个往回，有何难哉！"八戒道："哥啊，既是这般容易，你把师父背着，只消点点头，躬躬腰，跳过去罢了，何必苦苦的与他厮战？"行者道："你不会驾云？你把师父驮过去不是？"八戒道："师父的骨肉凡胎，重似泰山，我这驾云的，怎称得起？须是你的筋斗方可。"

　　行者道："我的筋斗，好道也是驾云，只是去的有远近些儿。你是驮不动，我却如何驮得动？自古道，遣泰山轻如芥子，携凡夫难脱红尘。像这泼魔毒怪，使摄法，弄风头，却是扯扯拉拉，就地而行，不能带得空中而去。像那样法儿，老孙也会使会弄。还有那隐身法、缩地法，老孙件件皆知。但只是师父要穷历异邦，不能彀超脱苦海，所以寸步难行也。我和你只做得个拥护，保得他身在命在，替不得这些苦恼，也取不得经来，就是有能先去见了佛，那佛也不肯把经善与你我。正叫作'若将容易得，便作等闲看'。"

　　翻译成白话就是：首先，唐僧是肉体凡胎，禁不起孙大圣的那些超能力。其次，取经路上的苦是一定要吃的，不吃苦，无法取得真经。取真经是目的，但历练也是目的。

所以，你背着你师父一个筋斗云赶了过来？请问他现在在哪儿？

糟糕，不知道什么时候掉了！

取经取经，重在于取，而不在经。不要用现在功利的眼光去看《西游记》，觉得把经取回来就是功德圆满了，恰恰相反，这十万八千里对身心的历练，才是大道所在。当历经千难万阻登上雷音寺时，就已经获得真经的真谛了，至于所取来的经是有字还是无字，只在凡夫眼中有差别罢了。

其实，从《西游记》的世界观出发，用金箍棒或者筋斗云送师父这种事，以猴哥的实力完全是可以实现的。

首先，《西游记》世界并不是圆的地球，而是平的。整个世界分四大洋和四大部洲，中间一座须弥山。西天灵山也不在天上，也不是西之极，而在西牛贺洲。因此，没有什么地理上的阻碍。

其次，《西游记》里的设定是，一万三千五百斤重的金箍可以随意地变大变小。在这样的世界观里，用现实世界的物理原理算来算去，实在太违和了。

所以，能不能用金箍棒或者筋斗云送唐僧直接到西天，只取决于猴哥和师父想不想这么做，而不是能不能做到。正如我上面的观点，这样做是没有意义的。

在吴承恩写成的《西游记》世界观中，道也好，儒也好，佛也好，并无高低贵贱之分。天宫能被搞砸，神仙也会跌跟头，佛祖斤斤计较，观音也会骂人，阎王胆子很小，玉帝软弱无能，似乎没有什么不能拿来调侃，没有什么不能用来取乐。如果这个世界中的高级神佛都是这副德行，那这帮人"出品"的所谓"真经"取来又有什么价值呢？

而且我们细细一数，西天路上九九八十一难，竟足足有七十难就发生在灵山脚下的西牛贺洲，危险系数极高。而东土大唐的治安环境就好很多了，文可斩龙武能镇鬼，皇帝英明百姓富足。那么又是什么让唐僧坚定不移舍生忘死地离开大唐，千里迢迢来到危险的灵山呢？

　　接下便是我想对大家说的。

　　我们都知道《西游记》开篇是猴王出世，但这只是《西游记》的引子，了解文学的朋友都知道，《西游记》前七回并不是正文，是它的引子，但写得如此波澜壮阔，精彩绝伦，所以有很多人觉得前七回才是全书的精华所在。可实际上，唐僧取经才是《西游记》讲述的重点，因为此书叫《西游记》。

　　就如历史上两僧白马驮经和**玄奘西游**一样，本质上是一次文化的交流与碰撞。相比经书而言，取经者克服万难、走过数十个国家，见到了以前从未见过的世界，向别的国家的人传播自己国家的文化，才更重要。这样的经历，对于整个民族、整个时代都是不可多得的瑰宝。而对于取经者自己，真正重要的是这份开拓进取、勇于探索的精神，以及一路上被困难磨炼出的坚强意志。

　　取经之路就是这么一条充满着古典浪漫主义情怀和先人探索创新精神的路。吴承恩最后借用燃灯古佛之口道出"无字真经亦是真经"，便是这个道理。

好，菩萨安排咱们的任务要完成好，手脚都麻利点。

大王，唐僧到山脚了。

经文是死的，但是文化的碰撞交融、视野的开拓延伸及意义是无价的。也许，灵山既不在西牛贺洲，也不在佛祖座下，而在我们每个人的心中，我们每个人都在谱写着独一无二的心经，最有毅力的人方得见灵山。如果你只是为了得到几卷经文，便是三拜九叩几番轮回，到了西天也没用。只有心诚志坚，才能体会这经历的宝贵，这是取经的意义，人生历炼的意义！

知识加油站

《西游记》

是中国古代第一部浪漫主义章回体长篇神魔小说，作者是吴承恩。整部小说主要讲述了顽石孙悟空大闹天宫，后遇见了唐僧、猪八戒、沙僧和白龙马，师徒一起西行取经的故事。在取经的路上，他们遇到了各种各样的困难和妖魔，经历了九九八十一难，终于到达西天，见到如来佛祖，取得了真经。

小说的故事来源于唐代"玄奘取经"这一历史事件，中间集合了许多民间流传的神话故事，深刻地描绘出明代百姓的社会生活状况。

《西游记》是中国神魔小说的经典之作，达到了古代长篇浪漫主义小说的巅峰，与《三国演义》《水浒传》《红楼梦》并称为中国古典四大名著。

玄奘西游

唐代有一位高僧名为玄奘，他为了学习佛法，从大唐都城长安一路向西，来到佛教的发源地天竺，也就是今天的印度。

玄奘到达天竺后，参拜了各处的佛教胜迹，随后在那烂陀寺潜心修学了五年。修行期间，他研究了各种佛教典籍和婆罗门教经典，同时还学习了梵文和印度方音。后根据自己的学习心得，创作了《三身论》，并且获得"大乘天"的尊称。

唐贞观十七年，玄奘回到长安，这次西行前后共用了17年时间，游历了110个国家。这次西行，极大地促进了唐代与他国文化的交流与传播。

《西游记》中，鸡吃完米，狗舔完面，火烧断锁，哪个更快？

瞻云/文

先来看看《西游记》原文内容：

四天师即引行者至披香殿里看时，见有一座米山，约有十丈高下；一座面山，约有二十丈高下。米山边有一只拳大之鸡，在那里紧一嘴，慢一嘴，嗛那米吃。面山边有一只金毛哈巴狗儿，在那里长一舌，短一舌，餂那面吃。左边悬一座铁架子，架上挂一把金锁，约有一尺三四寸长短，锁梃有指头粗细，下面有一盏明灯，灯焰儿燎着那锁梃。行者不知其意，回头问天师曰："此何意也？"天师道："那厮触犯了上天，玉帝立此三事，直等鸡嗛了米尽，狗餂得面尽，灯焰燎断锁梃，那方才该下雨哩。"

通过原文我们可以知道，米山十丈高，《西游记》成书于明朝，当时一丈为现在的 3.11 米，十丈就是 31.1 米。面山二十丈高，也就是 62.2 米。

简单预估一下，米山约重 75,599,866kg，面山约重 267,269,592kg。

计算完两座山，我们来看看吃米的鸡。

不同品种的成年鸡食量不同，通常蛋鸡 100g 左右，肉鸡 250g 左右，公鸡 150g 左右。我们就选择比较常见的公鸡来计算，预计要吃 503,999,107 天，才能吃完那座米山。

近 140 万年!

接下来我们看看舔面的狗。400 年前的哈巴狗应该是指京巴。京巴有 4000 年历史，一直是宫廷犬。作为宫廷犬，出现在《西游记》里的天宫，倒也合理了。金色京巴，应该还是很漂亮的。

哈巴狗重量为 6 公斤左右，假设一天食量为 300g。则计算可得，狗舔完面粉的时间为 890,898,642 天，超过 240 万年。

狗比起公鸡来说，慢了 100 万年有余。

再来看看金锁燃烧问题。

火焰分为焰心、内焰和外焰。燎，意思为大火烧，明显是用外焰，需火力全开。

清朝以前，所用的灯油基本上都是**生物油**，温度绝对低于现代工业的生物柴油。根据生物柴油的分层温度，外焰的温度大约为 800 摄氏度。

而黄金的熔点是多少?

1064.43 摄氏度!

看来烧断金锁这件事,已经不是时间问题,而是不可能完成的任务。

最终这场比赛的胜利者是公鸡!让我们恭喜获胜者,现在有请冠军公鸡上……咦?我的公鸡呢?捉住它,捉住它,别让它乱跑了!

连一只公鸡都抓不住!

知识加油站

生物油

取材自煤、木材、生活垃圾、动植物油脂、生物秸秆等。

以唐代技术条件而言，老妇铁杵磨成针可能吗？

神们自己 / 文

很久很久以前，平行宇宙里有一个很远、很远的星系，其中有一颗看上去很像地球的星球……

故事发生在唐代，地点就在今天的四川省眉山市。市里有座山，叫象耳山，海拔 1236 米，李白出生地离此不远。这里是中国古代著名的佛教发源地之一，由象鼻山、象耳山、檫耳岩等组成。山中松柏茂密，斑竹万竿，风景宜人。山上有座象耳寺，环境清幽静谧，是个读书研学的好去处。

传说，年少的李白就在这座象耳山里苦读诗书。曾经的李白，也是一个阳光开朗的大男孩。可是连续几年苦读下来，终于有一天，李白产生了厌学情绪，决定放弃学业。他卷起铺盖下山，要结束苦修。

下山途中，他来到一条小溪边，看见一位白发老奶奶正拿着铁杵在那里磨。李白心生疑惑，磨铁杵岂不是在浪费时间？

于是，李白上前询问："老奶奶，您为何要磨铁杵呢？"

老奶奶回答："我想做一根绣花针。"

李白诧异道："将铁杵磨成绣花针，得费多少工夫啊？"

老奶奶说："只要一直磨，总有一天能磨成。"

李白更惊讶了："这样磨下去，恐怕一辈子都不一定能磨出一根针啊！"

老奶奶笑道："傻孩子，很多事情看起来似乎很难推算，但真动手计算会发现其实极为简单。铁杵磨成针，真心用不了太长时间。

"首先，我们得知道铁杵的尺寸。我手中这根铁杵看上去直径为 2 厘米，长 30 厘米。铁杵质量约为 739 克。"

铁杵的体积 = (π/4) × 直径² × 长度 = (3.14 × 2² × 30)/4 ≈ 94 立方厘米。

铁的密度为每立方厘米 7.85 克

铁杵的质量 = 密度 × 体积 = 7.85 × 94 ≈ 739 克

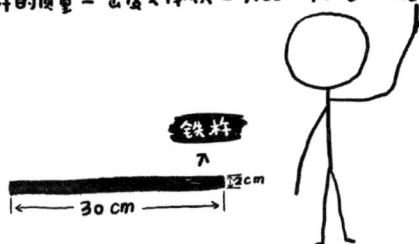

铁杵

↗

2 cm

← 30 cm →

"接下来，我们用同样的方法，计算绣花针的体积和重量。"

李白突然插嘴道："奶奶，针的直径太细，比较难估计，我看书中说，一根针一般是 1.5—2 克重。"

老奶奶赞许道："没错，就算它 2 克吧，所以我需要磨掉的铁质量 =739 − 2 = 737 克。

"假设每磨一次磨掉 0.01g，那么，需要磨的次数为：737 / 0.01 = 73700 次。"

说到这里，老奶奶不由得叹了口气："我老了，每秒只能磨一次，每磨 20 次就得停下歇 10 秒。这样算来，我每分钟只能磨 40 次，每天只有力气磨 1 个小时。那么每天我磨的次数 = 40 × 60 = 2400 次。"

李白大悟："我明白了，所以只需要 73700 / 2400 ≈ 30.7 天！ 1 个月之内，铁杵就能磨成针，真的可以啊！"

在李白与老奶奶共同探讨铁杵磨成针的数学问题后，李白想起了在一本书中看到的工匠制针的方法。于是，他向老奶奶提出了质疑。

李白说："老奶奶，我记得在一本书中读到过工匠制针的方法，他们先把铁块锤成小细条，再拉成粗细一致的铁线，剪断、锉尖、锤扁，然后经过炒、蒸、淬火等一系列工序就可制成。您为什么要选择用磨的方式制针，而不是使用这种更为传统和高效的方法呢？"

老奶奶微笑着回答："孩子，你说的没错，工匠的制针方法确实高效且成熟。然而，我选择磨铁杵的方式制针，并非真的想要用最快的速度制作针。我想借这个过程来锻炼我的耐心、毅力和坚定信念。人生是磨出来的，就像这铁杵磨针一般，需要克服种种困难，一步一个脚印去追求。这也是我坚持磨铁杵成针的原因。"

李白听了老奶奶的话，深受感触，恍然大悟："原来如此，您是想告诉我，要充满信心地面对生活中的困难和挑战，只要不断努力，没有什么是不可能的。"

老奶奶点了点头，鼓励道："对，人生的意义并不在于我们取得的成就，而在于我们不断努力去追求目标的过程。只要我们勇敢地面对困难，坚定地走下去，总会有收获和成长。此乃正道。"

李白听了深受启发。他感谢老奶奶的教诲，并发誓要坚定信念，勇往直前。从此以后，李白每天都来到这里，和老奶奶一起在象耳山的这条小溪边磨针。

老奶奶每秒磨一次，每磨 20 次就得停下歇 10 秒。然而，李白一秒钟能磨两次，他只在老奶奶休息的 10 秒钟里磨 20 次。而在等老奶奶磨针的 20 秒里，李白正好可以吟出一句诗。

78、79、80……

本来按老奶奶的进度，铁杵磨成针需要 1 个月。现在有了李白的帮助，每分钟可以磨 80 次，效率整整提高一倍。所以，他们只用了半个月不到，就完成了。此外，李白利用老奶奶磨针的闲暇时间，作出了 1800 句诗，正好是 200 首律诗 +50 首绝句。可惜的是，这些诗一首都没有流传下来。李白一辈子作诗无数，堪称出口成章、信手拈来，被公认为"诗仙"，但流传后世的只有 900 多首诗，大部分都没能传下来。

在象耳山磨针的这段经历，不仅磨出了针，更磨炼出了李白的意志。他下定决心回到象耳山继续苦读，在文学诗词方面不断钻研的同时，开始探索科学和技术。凭借出众的才智和毅力，李白发明了许多在唐代极为先进的工具和机器，为唐代的科技进步做出了巨大的贡献。

李白不仅是伟大的诗人，更是伟大的发明家。在李白的影响下，唐代的科学和文化达到了前所未有的繁荣。人们开始重视科技和创新，推动社会的进步和发展。李白和老奶奶磨针的故事成为一段传奇，流传至今，激励着人们不断学习和探索，追求自己的梦想和理想，推动人类文明的进步和发展。

李白、杜甫、王维，这三位文理皆通的全才，开启了唐代盛世中的盛世，被后人称为"文艺复兴"时代，比起"意大利小李白"列奥纳多·达·芬奇，领先了 700 多年。

而李白的坚持和努力，也深深感动了老奶奶。她用这根耗费半个月时间磨出来的针，绣制出丝绢上美丽的花朵，象征着人类坚韧不拔的精神。这位不知名的老奶奶和李白，一起成为象耳山上的美谈。他们一起磨针的那条小溪，被后人称为"磨针溪"，现在已经是四川省眉山市的 5A 级景区。

一根平平无奇的铁杵，引发了科技的创新和时代的进步，更引发了人类对学术、科技、艺术和人生态度的探讨和追求。让我们铭记这段传奇，为了梦想和理想，勇敢前行。

如何让自己的名字，保留 5000 年？

神们自己 / 文

许多人渴望自己的名字能够在历史长河中流传千古。在我们这个时代，科技日新月异，有无数种方法可以让你的名字在未来五千年中继续"闪耀"。

本文将介绍一些"创新"的方法，助你实现这一愿望。

1. 把名字刻在石头上

《三体》中，人类在面临灭绝危机之时，启动了一项计划，用尽可能耐久的方式把人类文明的信息收藏起来。科学家经过大量的研究，最后得出一个惊人的结论：最耐久的方法就是把字刻在石头上！

把名字刻在石头上确实可以保存很久，但前提是在

真空中，石头不受**风化**、腐蚀的影响。如果在月球或冥王星等天体上建立纪念碑，并将你的名字刻在上面，那么只要人类——或者外星人继续探索宇宙，你的名字就不会被遗忘。

2. 把名字刻在铁板上

把名字刻在石头上并不是唯一的方法。如果不受风化和腐蚀的影响，金属也可以很耐久。

选择一块铁板，将你的名字刻在上面，然后用**合成树脂**包裹。将其扔入海床，注意避开**断裂带**之类的地方。海底每年的移动距离约为 25 厘米，五千年后仅移动约 1,250 米。虽然可能被海底沉积物埋藏，但你的名字仍然会存在。

3. 把名字刻在钛合金板上并发射至星际空间

选择一小块钛合金板，将你的名字刻在上面，然后以高于**第三宇宙速度**朝星际空间发射。这样，你的名字将在茫茫宇宙中流传。

4. 用编码激光保存名字并发射至太空

将你的名字通过断续**脉冲**激光来编码，如莫尔斯电码，然后向星空中比较空旷的地方发射。

别误会，我的意思并不是让你给外星人发信号——哪怕没有任何人收到你的信息，这段信息仍然会在宇宙中毫发无损地传播 5000 年！

因为在 5000 光年范围内，它撞上天体的机会几乎为零。

5. 把名字刻在纪念碑上

各国都有纪念碑，有宏伟的，有简朴的。建纪念碑的目的是将某些人类业绩保存于后人心中。

如果纪念碑没塌方，你的名字就会和它永久绑定。如果纪念碑塌方了，只要这座纪念碑够大，你的名字仍然会和这次塌方事件永久绑定。说不定 5000 年后，你的名字已经变成了"塌方"的代名词呢！

6. 发现一种罕见的物种

例如，查尔斯·达尔文发现了许多**加拉帕戈斯群岛**的物种，受到启发后，他写下了《物种起源》。加拉帕戈斯群岛上的一种鸟被命名为"达尔文雀"，让他的名字与生物学和自然史紧密相连。

7. 发现一个重要的化学元素

例如，居里夫人发现了镭和钋这两种放射性元素，使她的名字在化学和物理学领域永垂不朽。

8. 命名一颗星星或星系

例如，尼古拉·哥白尼的名字被用于一颗行星和一个火山口的名字，以纪念他在天文学领域的杰出贡献。

9. 开创一项突破性的医学研究

例如，亚历山大·弗莱明发现了青霉素，这种**抗生素**拯救了无数人的生命，使他的名字与医学史上的一项伟大突破紧密相连。

10. 提出一种颠覆性的物理学理论

例如，阿尔伯特·爱因斯坦提出了狭义相对论和广义相对论，彻底颠覆了人类对于牛顿时代物理学的认知。

11. 发明一种革命性的产品或技术

例如，托马斯·爱迪生发明了电灯，彻底改变了人类的生活方式，使他的名字在发明家和创新者中流传千古。

让我们记住这些名字

查尔斯·达尔文　　居里夫人　　尼古拉·哥白尼　　亚历山大·弗莱明

阿尔伯特·爱因斯坦　　托马斯·爱迪生

你突然打断了我：

"别说了，搞科研咱没那能力，有没有更简单一点的方法？"

不搞科研是吧？

方法当然也是有的：

12. 写出一本有重大影响力的书籍

简·奥斯汀所著的《骄傲与偏见》，通过生动的人物描绘和机智的对话展示了 19 世纪英国社会的风俗与习惯，对世界文学产生了深远的影响。

亚当·斯密写了《国富论》，成为经济学的奠基之作，使他的名字在经济学界声名远播。

卡尔·马克思写出了《资本论》，这部著作对资本主义体制进行了深入剖析，为后来的共产主义理论和政治运动奠定了基础，成为历史上最具影响力的政治经济学著作之一。

中国道家学派创立者老子所著的《道德经》，是古代道家哲学的经典之作，对后世产生了深远影响，至今仍然被广泛研究和阅读。

这些例子表明，不同类型的书籍都可以产生深远的影响，成为流传千古的经典之作。

13. 成为一位著名的艺术家

例如，凡·高创作了许多著名的油画，如《向日葵》和《星夜》，他的名字与绘画艺术紧密相连，流传了上百年。

14. 成为著名艺术家的朋友

像唐代诗人李白写的《赠汪伦》一诗，其朋友汪伦的名字与他紧密地联系在一起，让后人传颂。

15. 成为一位成功的运动员

例如，迈克尔·乔丹是篮球历史上最杰出的运动员之一，他在NBA取得了无数成就，使他的名字成为篮球的一个代名词。

又例如，里奥·梅西是足球历史上最杰出的运动员之一。

16. 捐赠大量资金给教育或科研机构

例如，美国前总统约翰·F.肯尼迪的家族为哈佛大学捐赠了一座名为"约翰·F.肯尼迪政府学院"的教学楼。这所学院致力于培养公共政策和公共管理领域的领导者。

如果以上这些你都做不到——那也再正常不过。

作为一个普通人，不要说5000年了，100年后，连你自己的子孙，可能都记不住你的名字。

对你来说，这其实是一件幸运的事。

如果每个普通人的名字都能名垂青史5000年，那么今天你上历史课的时候，将不得不背下上亿个名字。

真空

真空环境是针对大气环境而言的，是在特定空间内部，部分物质被排出，使其压力小于 1 个标准大气压，我们通常称这样的空间为真空或真空状态。在自然环境里，只有外太空堪称最接近真空的空间。

风化

在地质学中，指使岩石发生破坏和改变的各种物理、化学和生物作用。一般可定义为在地表或接近地表的常温条件下，岩石在原地发生的崩解或蚀变。

合成树脂

是一类人工合成的高分子化合物。最重要的应用是制造塑料，也是制造合成纤维、涂料、胶黏剂、绝缘材料等的基础原料。

断裂带

也称"断层带"。由主断层面及其两侧破碎岩块以及若干次级断层或破裂面组成的地带。断层带的宽度以及带内岩石的破碎程度，取决于断层的规模、活动历史、活动方式和力学性质，从几米至几百米甚至上千米不等。

钛合金板

以钛为基础加入其他元素组成的合金。它具有强度高、耐蚀性好、重量轻等特点，是一种广泛应用于航空航天、船舶、化工、医疗等领域的材料。

第三宇宙速度

从地球表面发射航天器，飞出太阳系，到浩瀚的银河系中漫游所需要的最小发射速度，就叫作第三宇宙速度。按照力学理论可以计算出第三宇宙速度：$v_3=16.7$ 千米 / 秒。

脉冲

指电子技术中经常运用的一种像脉搏似的短暂起伏的电冲击（电压或电流），是相对于连续信号在整个信号周期内短时间发生的信号。

加拉帕戈斯群岛

位于距南美洲厄瓜多尔西海岸 800 多千米的太平洋上，赤道横穿其中。加拉帕戈斯群岛由许多互不相连、彼此独立的小岛组成，1835 年，达尔文在该群岛发现地雀有 13 种，这赋予他发现进化论的灵感。

抗生素

指由微生物（包括细菌、真菌、放线菌属）或高等动植物在生活过程中所产生的具有抗病原体或其他活性的一类次级代谢产物，是一种化学物质，能干扰其他生活细胞发育功能。